LE NOUVEAU SANS FRONTIÈRES 1

MÉTHODE DE FRANÇAIS

WORKBOOK
Version pour anglophones

MICHÈLE VERDELHAN · MICHEL VERDELHAN
PHILIPPE DOMINIQUE · JACKY GIRARDET

CLE INTERNATIONAL

27, rue de la Glacière. 75013 Paris.

Vente aux enseignants : 16, rue Monsieur le Prince. 75006 Paris.

SOMMAIRE

© CLE INTERNATIONAL, Paris 1991

ISBN 2.19.033454.3

Ce cahier d'exercices propose des activités complémentaires pour vous qui travaillez avec Le Nouveau Sans Frontières 1. Il est organisé en 4 unités, avec 5 leçons dans chacune, correspondant aux unités et aux leçons du livre de l'élève.

Chaque leçon présente 6 rubriques : Vocabulaire — Grammaire — Orthographe — Écrit — Oral — Compléments.

Certains exercices pourront être réalisés directement sur le cahier ; pour d'autres, les réponses devront être écrites sur une feuille ou un cahier à part. Ce gain de place nous a permis de vous offrir plus d'exercices, plus de documents, plus de jeux, plus de textes.

A vous de choisir les activités et les exercices qui renforceront les acquisitions de la méthode.

Bon Courage !

Leçon 1

❏ *Vocabulaire* ....

1. *Recopiez et complétez la fiche d'inscription.*

> **COURS DE FRANÇAIS**
> **Fiche d'inscription**
>
> *NOM* ....
> *PRÉNOM* ....
> *ADRESSE* ....
> *PROFESSION* ....
> *NATIONALITÉ* ....

2. *Complétez.*

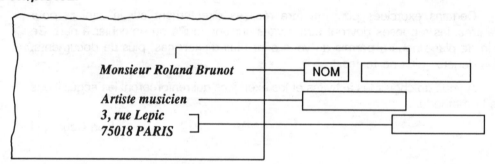

Monsieur Roland Brunot — NOM

Artiste musicien
3, rue Lepic
75018 PARIS

3. *Cherchez le mot intrus.*

- Valérie — Nicolas — Mouffetard — Pierre
- Rue — Boulevard — Avenue — Accident
- Marocain — Tunisien — Américain — Musicien
- Merci — Bonsoir — Salut — Bonjour
- Professeur — Étudiant — Architecte — Secrétaire

4. *Les mots cachés.*
Retrouvez les noms de nombres.

```
T E S E P T O
R A D I X Q T
O N E U F U R
I C U N X O O
S I X U O T I
T N O I S R S
E Q I H U I T
```

❑ Grammaire •••

5. *Complétez avec **au** ou **aux**.*

- Mary Palmer habite . . . . . . États-Unis.
- Margherita habite . . . . . . Portugal.
- Georges Jeremy habite . . . . . . Antilles.
- Abdou Niop habite . . . . . . Sénégal.
- Salim habite . . . . . . Maroc.

NOMS DE PAYS	
Féminin **(en)**	**Masculin** **(au - aux)**
l'Angleterre la Belgique l'Espagne l'Italie la Suède	le Brésil les États-Unis le Japon le Mexique le Portugal

6. *Complétez avec **en — au** ou **aux**.*

- Rosa Rodriguez habite . . . . . . Espagne.
- Luis Domingo habite . . . . . . Mexique.
- Margaret Brown habite . . . . . . Angleterre.

- Lars Wise habite . . . . . . Allemagne.
- Yoko Ozawa habite . . . . . . Japon.
- Luigi Risi habite . . . . . . Italie.
- Harry Boorman habite . . . . . . États-Unis.

7. *Masculin ou féminin. Barrez la forme inutile.*

- Sylvie est *(étudiant / étudiante)*. Elle est *(français / française)*.
- Hans est *(allemand / allemande)*. Il est *(chanteur / chanteuse)* à Berlin.
- Carmen est *(musicien / musicienne)* à Barcelone. Elle est *(espagnol / espagnole)*.
- Ben est *(américain / américaine)*. Il est *(acteur / actrice)*.

8. *Complétez avec **tu** ou **vous**.*

- « . . . . . . êtes chanteur ?
  — Oui.
  — . . . . . . chantez à l'Olympia ? »
- « . . . . . . connaissez la France ?
  — Oui, je connais Paris et Nice. »
- « . . . . . . es française ?
  — Oui.

- — . . . . . . habites à Paris ?
  — Non, j'habite à Lyon. »
- « Sébastien, ... connais Paris ?
  — Oui Madame, et vous, ... connaissez ?
  — Oui, j'habite avenue des Champs-Élysées. »

☐ *Orthographe* ·····························

9. *Lisez ces sigles. Que signifient-ils ?*

U.S.A. — R.F.A. — S.O.S. — U.R.S.S.

10. *Épelez votre prénom et votre nom selon le modèle.*

JE M'APPELLE STEVE

J'ÉPELLE :
    S COMME SYLVIE
    T COMME THOMAS
    E COMME ELISABETH

JE M'APPELLE NICOLE

    N COMME NICE
    I COMME ITALIE
    C COMME CUBA
    O COMME ORLÉANS
    ...

Annie	Nathalie
Béatrice	Olivier
Catherine	Paul
David	Robert
Élisabeth	Sylvie
François	Thomas
Gérard	Ursule
Henri	Valérie
Isabelle	Wilfried
Jacques	Xavier
Kévin	Yves
Louis	Zoé
Marie	

11. *Barrez les lettres qui ne se prononcent pas.*

Paris — Boulevard — Avenue — Nicolas — Rue Mouffetard
Tu habites sept rue de Rennes.

12. *Relevez dans les pages 8 et 9 du livre de l'élève tous les mots contenant le
son [ã]. Classez-les selon leur orthographe.*

an	en	amp(s)	and	ent
Roman				

13. *Cherchez des mots qui contiennent le son [a].*

Paris — toi...

14. *Cherchez des mots qui contiennent une lettre « a » qui ne se prononce pas* [a].

mai...

15. *Écrivez, en lettres, les chiffres de ces résultats sportifs.*

Allemagne : 4	—	Italie	: 2
Espagne : 7	—	Suède	: 5
France : 3	—	Belgique	: 3
Angleterre : 8	—	Grèce	: 6

Allemagne : quatre — Italie : ....

....

....

....

....

❏ *Écrit* •••

16. *Vous écrivez à Sylvie Roman et à Valérie Florentini. Complétez les enveloppes.*

Mademoiselle Sylvie Roman
10, rue Mouffetard
75005 Paris

....*Florentini*

....

....

17. *Vous habitez en France. Choisissez votre adresse. Rédigez votre carte de visite.*

- 8, place de la Sorbonne — Paris — 75005
- 4, place Bellecour — Lyon — 69000
- 9, Promenade des Anglais — Nice — 06000
- 3, boulevard de la Canebière — Marseille — 13000

18. *Imaginez un constat d'accident entre votre voisin(e) et vous.*

VÉHICULE A   croquis   VÉHICULE B

. . . .

. . . .

. . . .

19. *Rédigez les réponses.*

- « Bonjour Monsieur ! Comment allez-vous ?
  — .... »
- « Au revoir Madame !
  — .... »
- « Salut Jacques ! Ça va ?
  — .... »

20. *Présentez ces trois femmes.*

« Elle s'appelle . . . . . .   Elle est . . . . . .   Elle habite . . . . . . »

☐ *Oral* ....

21. *Présentez-les.*

22. *Présentations.*

Ils sont étudiants à l'école des langues « Rencontres Sans Frontières ».

- Vous êtes A ou B. Présentez-vous.
- Présentez C à D et D à C.
  « Je vous présente Luis Domingo... »

Ⓐ Mary Palmer
Étudiante
New York

Ⓑ Margaret Brown
Secrétaire
Londres

Ⓒ Luis Domingo
Journaliste
Bogotá

Ⓓ Lars Wise
Ingénieur
Munich

❏ Compléments ···

23. *Que représentent ces noms de rues de Paris ? S'agit-il de personnages, de lieux... ?*

Boulevard Victor-Hugo	Avenue d'Italie	Place Charles-de-Gaulle	Boulevard Pasteur
Rue de Rome	Boulevard Saint-Michel	Avenue Émile-Zola	Rue Racine
Place Pigalle	Avenue Mozart	Rue Monsieur-le-Prince	Rue Hector-Berlioz

24. *Connaissez-vous ces personnages célèbres ? Comment s'appellent-ils ?*
Connaissez-vous leur nationalité ? leur profession ?

(Shakespeare - Don Quichotte - R. Reagan - Gagarine - Tintin - Maria Callas - La Joconde -   Blanche-Neige - Cléopâtre - Brigitte Bardot.)

25. *Voici le poème le plus simple de la langue française.*
Exercez-vous à le dire en variant l'intonation du mot « persienne ».

PERSIENNES

Persienne Persienne Persienne

Persienne persienne persienne
persienne persienne persienne persienne
persienne persienne persienne persienne
persienne persienne
Persienne Persienne Persienne

Persienne ?

Louis ARAGON
in Le Mouvement perpétuel
© *Éditions Gallimard*

Leçon 2

❑ *Vocabulaire* ....

1. *Les mots cachés. Retrouvez sept noms de mois.*

```
J U I L L O M T O
A I A A E M A I A
N O V E M B R E O
V T R V R I S N U
I O I J U I N E T
E I L E T E M B R
R M N R E J A N V
```

2. *Écrivez dans les cases suivantes les noms des jours de la semaine.*

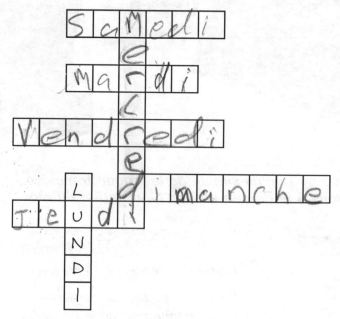

3. *Écrivez les dates.*

le 16-06	→	le seize juin
le 25-12	→	....
le 14-03	→	....
le 28-11	→	....
le 31-01	→	....

4. *Connaissez-vous le nom de cette actrice française ?*
Complétez la grille et lisez son nom dans les cases grises.

Isabelle ....

5. *Complétez avec les verbes* travailler — écouter — comprendre — lire — regarder.

Il .... le journal des jeunes.

Roland .... un disque de Jacques Brel.

Il ne .... pas le dimanche.

Elle .... les photos des enfants.

Je ne .... pas le chinois.

❏ *Grammaire* ....

6. *Remettez les mots dans l'ordre.*

- travaille — ne — pas — Jacques
- écoute — Stéphane — pas — disques — de — n'
- pas — Valérie — connaît — ne — Nicolas
- bien — pas — Jimmy — comprend — ne

7. *Complétez avec le, la, l', les.*

Vous connaissez ...... France ? ...... Brésil ? ...... Argentine ? ...... Hollande ?
...... Australie ? ...... Suisse ? ...... États-Unis ?

8. *Faites des phrases comme dans le modèle.*

- Jacques — journaliste — être
  Jacques est journaliste ? — Non, il n'est pas journaliste.

- Sylvie — à Paris — travailler
- Pierre — des disques — écouter
- Sophie — des photos — regarder
- Adrien — la rue du cinéma Rex — connaître

9. *Qu'est-ce qu'ils voudraient faire ?*

« Je voudrais habiter à Paris. » *Elle voudrait habiter à Paris...*

10. *Je voudrais connaître... Complétez la demande.*

- Je voudrais connaître la profession de Roland.   — Il est musicien.

- .... de l'actrice.   — Elle s'appelle Brigitte Bardot.
- .... de Mlle Florentini.   — C'est Valérie.
- .... de Sophie Roman.   — Elle est française.
- .... de Catherine Deneuve. — Elle est actrice.

11. Faites des phrases comme dans le modèle.

Exemple : Nicolas Legrand : *architecte / chanteur*
→ *Nicolas Legrand n'est pas architecte. Il est chanteur.*

- Stéphane Lacroix : *musicien / médecin.*
- Sylvie Viala : *secrétaire / journaliste.*
- Madame Delors : *infirmière / professeur.*
- Monsieur Roubin : *mécanicien / infirmier.*

12. Posez la question qui convient.

- Qu'est-ce que c'est ?   — C'est un livre de Victor Hugo.
- .... — C'est un cadeau.
- .... — C'est le médecin de Jacques.
- .... — C'est Annie Girardot.
- .... — C'est un journal.

☐ Orthographe ·····························

13. Cherchez des mots contenant le son [õ]. Classez-les selon la graphie du son.

on	om
bonjour	nombre
....	....

14. Cherchez des mots contenant le son [ã]. Classez-les selon la graphie du son.

an	am	en	em
Roland	champ	appartement	décembre
....	....	....	....

15. *La lettre C se prononce* [k] *ou* [s]. *Classez les mots suivants dans le tableau.*

Nicolas — cinq — cadeau — spectatrice —
connaître — cinéma — c'est — ce —
cahier — mercredi — octobre —
excusez-moi

c = [k]	c = [s]
....	....

Trouvez la règle.

c = [k] devant . . . . . .

c = [s] devant . . . . . .

16. *Indiquez les liaisons comme dans l'exemple.*

Exemple : C'est un cadeau.

Nicolas est un artiste.
C'est une spectatrice ?
Vous êtes très amis ?
C'est une photo des enfants.

17. *Complétez les mots.*

- Il ch. . . .te à l'Olympia en sept. . . .bre.
- Elle compr. . . .d l'. . . .glais.
- Il trava. . . . avec une jolie f. . . . .
- Je conn. . . . une bonne secrét. . . .re.

18. *Complétez les verbes.*

- Vous travaill. . . . à Paris ?
- Tu connai. . . . Valérie ?
- Il voudrai. . . . regarder la télévision.
- Tu compren. . . . l'espagnol ?

- J'habit. . . . à Madrid.
- Tu li. . . . des romans ?
- Je voudrai. . . . rencontrer Sylvie.
- Elle ne compren. . . . pas l'explication.

 *Écrit* ●

19. *Complétez les affiches de films de la page ci-contre. Donnez (ou imaginez) le titre du film, le nom des acteurs et celui du metteur en scène.*

20. *Imaginez des titres de chansons avec les mots que vous connaissez.*

Exemple : Un printemps à Paris.
Au revoir les amis.

☐ *Oral*

21. *Qui est-ce ? Devinez le nom des personnages d'après les dessins.*

22. *L'agence de voyages. La cliente demande des renseignements. Jouez la scène.*

23. *Jouez les scènes.*

❏ *Compléments* ·······································

24. *Est-ce que vous connaissez ?*

    a. La capitale de la Bulgarie ?
    b. Le nom du président de la France ?
    c. L'auteur des « Misérables » ?
    d. Le nom de la cathédrale de Paris ?
    e. Le principal auteur du film « Le Gendarme de Saint-Tropez » ?
    f. La nationalité du chanteur Jacques Brel ?
    g. Le nom d'un grand journal parisien ?
    h. La date de la fête nationale en France ?
    i. Le nom de l'ingénieur constructeur de la tour Eiffel ?
    j. La profession d'Hippocrate.

25. *Trouvez votre signe du zodiaque.*

BÉLIER	21 mars au 20 avril
TAUREAU	22 avril au 21 mai
GÉMEAUX	22 mai au 21 juin
CANCER	22 juin au 23 juillet
LION	24 juillet au 23 août
VIERGE	24 août au 23 septembre
BALANCE	24 septembre au 23 octobre
SCORPION	24 octobre au 22 novembre
SAGITTAIRE	23 novembre au 21 décembre
CAPRICORNE	22 décembre au 20 janvier
VERSEAU	21 janvier au 19 février
POISSONS	20 février au 20 mars

26. *Identifiez ces documents (livres, affiches, disques). Connaissez-vous les titres des œuvres ? Le nom des auteurs, des acteurs, etc. ?*

27. Dans ce poème d'Alain Bosquet, découvrez à qui s'adressent les douze mois de l'année. Que disent-ils ?

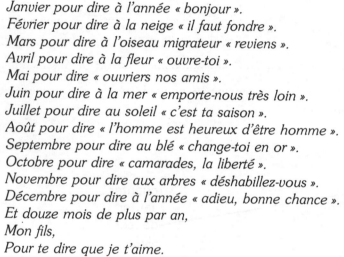

LES MOIS DE L'ANNÉE

Janvier pour dire à l'année « bonjour ».
Février pour dire à la neige « il faut fondre ».
Mars pour dire à l'oiseau migrateur « reviens ».
Avril pour dire à la fleur « ouvre-toi ».
Mai pour dire « ouvriers nos amis ».
Juin pour dire à la mer « emporte-nous très loin ».
Juillet pour dire au soleil « c'est ta saison ».
Août pour dire « l'homme est heureux d'être homme ».
Septembre pour dire au blé « change-toi en or ».
Octobre pour dire « camarades, la liberté ».
Novembre pour dire aux arbres « déshabillez-vous ».
Décembre pour dire à l'année « adieu, bonne chance ».
Et douze mois de plus par an,
Mon fils,
Pour te dire que je t'aime.

Alain BOSQUET
in La Nouvelle guirlande de Julie
Éd. Ouvrières

Leçon 3

□ *Vocabulaire* ....

1. *Remplacez le verbe* faire *par les verbes* jouer — écrire — pratiquer.

Exemple : Il fait du tennis. → *Il joue au tennis.*

Il fait du football. ....

Elle fait du piano. ....

Elle fait un roman. ....

Il fait de la natation. ....

Roland fait une chanson. ....

2. *Reliez.*

faire de la danse ————————————————— chanter
faire du ski   sauter
faire des voyages   danser
faire du saut   skier
faire du chant   patiner
faire du patin   voyager

3. *Quelles activités pratique-t-on dans ces stations touristiques ?*

FONT-ROMEU					
SAINT-MALO (Bretagne)					
LE LUDE (Loire)					

le canoë — l'équitation (le cheval) — le golf — la marche — la natation — la pêche — le ski — le tennis — la voile

4. Les instruments de musique. Reliez.

un piano

une guitare

une trompette

un violon

un accordéon

un harmonica

❏ Grammaire ....

5. Complétez avec à — au — à la — en — chez.

- Je vais ...... France, ... Paris, ... des amis.
- Elle va ...... concert, ... Opéra.
- Samedi on va ...... campagne, ... Normandie.

6. Où vont-ils ? Faites des phrases selon le modèle.

Michel   →   Italie — *Michel va en Italie.*

Nicolas	→	l'Olympia
Sylvie	→	Valérie
Roland	→	le théâtre des Champs-Élysées
Valérie	→	la mer
Annie	→	Espagne

7. Imitez le modèle.

- Roland : *cinéma / théâtre* **(aller)**
  - →   — *Est-ce que Roland va au cinéma ?*
  -        — *Non, il ne va pas au cinéma. Il va au théâtre.*

- Julie : *le jazz / la musique classique* **(aimer)**
- Marc : *la mer / la montagne* **(préférer)**
- André : *le sport / le cinéma* **(adorer)**

8. Mettez l'article (le — la — l' — les) quand c'est nécessaire.

Il déteste . . . . . . café.

. . . . . . travailler.

. . . . . . musique classique.

Elle adore . . . . . . mer.

. . . . . . sport.

. . . . . . voyager.

Elle aime . . . . . . tennis.

. . . . . . football.

. . . . . . écouter des disques.

. . . . . . voyages.

Elle aime . . . . . . skier.

. . . . . . montagne.

. . . . . . danser.

. . . . . . opéra.

9. Complétez avec un article ou une préposition.

- Au Quartier latin, il y a . . . . . . cinémas. Nicolas adore . . . . . . cinéma. Il va beaucoup . . . . . . cinéma Saint-Michel.
- Jacques a . . . . . . amie espagnole. Elle travaille . . . . . . ambassade d'Espagne.
- Sylvie connaît . . . . . . chanteur d'opéra. Il s'appelle Luigi. C'est . . . . . . ami de Roland. Il chante . . . . . . Opéra de Paris.

10. Mettez les verbes à la forme qui convient.

- Je *(faire)* du ski à Font-Romeu.
- Tu *(aller)* en vacances à la mer ou tu *(rester)* à Paris ?
- On *(aller)* au théâtre ou on *(faire)* du tennis ?
- Tu *(faire)* du sport ?
- Tu *(aimer)* voyager ?
- Vous *(aller)* danser au Pop Club ?

11. Posez les questions et notez les réponses comme dans les exemples.

		Elle	Lui
1	Regarder la télévision	+	+ + +
2	Lire	+ +	+
3	Aller au cinéma	–	+ +
4	Écouter la radio	+	– –
5	Fumer	– – –	–
6	Faire du sport	– –	+ +
7	Travailler le soir	–	– – –
8	Aller à l'Opéra	+ + +	–

+	aime un peu
+ +	aime beaucoup
+ + +	adore
–	n'aime pas beaucoup
– –	n'aime pas du tout
– – –	déteste

1. Vous aimez regarder la télévision ?
(Elle) : Oui, j'aime bien.
(Lui) : Moi, j'adore regarder la télé.

12. *Transformez les phrases comme dans l'exemple.*

Il aime la montagne *(aller)* → *Il aime aller à la montagne.*

(écouter) — Il aime les disques de Piaf.
(jouer) — J'adore le tennis.
(aller) — Elle n'aime pas le théâtre.
(aller) — Il n'aime pas les restaurants.

13. *Complétez avec le verbe* avoir *à la forme qui convient.*

J'.... des amis anglais.

Tu .... des disques de Jacques Brel ?

Vous .... des romans français ?

On .... trois jours de vacances.

Nicolas .... un appartement magnifique.

❑ *Orthographe* ··

14. *Compléter avec à, a, as.*

Il y ...... un concert dimanche ...... la cathédrale Notre-Dame.

Je préfère rester ...... Paris ce week-end.

Tu ...... le programme des spectacles.

Il y ...... un bon pianiste ...... la salle Pleyel.

Jacques ...... un billet pour le concert de samedi.

15. *Écrivez correctement les adjectifs.*

Sophie est *(fatigué)* ...... Valérie est *(désolé)* ......
J'ai une amie très *(joli)* ...... et très *(amusant)* ......
Rémi fait de la photo. Il a une *(bon)* ...... photo de la cathédrale de Rouen.
Valérie est *(différent)* ...... de Sophie.

16. *Compléter avec « er » ou « ez ».*

● J'aime voyag..... . Et vous ? Vous aim.... voyag....?

● Vous ven.... à l'exposition dimanche ?

— Non, je préfère rest.... chez moi.

● Vous all.... chant.... à l'Olympia ?

17. *Cherchez dans les dialogues et les documents des mots contenant les sons* [e] *ou* [ɛ]. *Classez-les dans le tableau en fonction de l'orthographe des sons.*

[e]			[ɛ]			
é	er	ez	è	ê	ai	et
cinéma	aller	chez	très	être	je vais	billet
....	....	....	....	....	....	....
....	....	....	....	....	....	....
....	....	....	....	....	....	....

☐ *Écrit*  ••

18. *Il est en vacances à Cannes* (Côte d'Azur), *il raconte ce qu'il fait. Rédigez la carte postale.*

Cannes le
Chère Annie

Mlle Annie BRUN
26 Boulevard
Voltaire

26

19. *Rédigez le portrait de ce président français d'après les éléments suivants.*

Nom : GISCARD D'ESTAING

Prénom : VALÉRY
Président de la République française de 1974 à 1981.

Goûts et activités :
  voyages
  lecture *(Maupassant)*
  musique *(joue un peu de l'accordéon)*
  sports *(ski, chasse).*

20. *Rédigez les lettres.*

a. Jacques invite Nicole à la campagne pour le week-end du 3 juin.
b. Nicole accepte.
c. Le 28 mai Nicole écrit à Jacques. Elle n'est pas libre le week-end du 3 juin. Elle a du travail.

☐ *Oral* •••

21. *Ils font des projets de vacances. Jouez la scène.*

voyager - visiter la Grèce - voir les monuments - aller dans les restaurants grecs - rencontrer des touristes sympathiques - rester en France - aller sur la Côte d'Azur - aller à la plage - faire du tennis.

22. Ils vous invitent. Êtes-vous d'accord ? Que dites-vous ?

23. Imaginez ce qu'ils font : en semaine
le dimanche
en vacances

24. Ils font des projets. Imaginez leur dialogue.

❑ *Compléments* ....

25. *Ils parlent de l'amour. Vous comprenez ?*

Colette : « J'aime aimer.
E. Herriot : Et moi, j'aime être aimé. »
Dialogue entre Colette (femme écrivain française) et Edouard Herriot (écrivain et homme politique)

« J'aime le jeu, l'amour, les livres, la musique, la ville et la campagne, enfin tout... »
LA FONTAINE (poète, XVIIᵉ siècle)

« Aimer, ce n'est pas se regarder l'un l'autre, c'est regarder ensemble dans la même direction. »
SAINT-EXUPÉRY (écrivain, 1900-1944)

« Quand elles nous aiment, ce n'est pas vraiment nous qu'elles aiment. Mais c'est nous, un jour, qu'elles n'aiment plus. »
Paul GÉRALDY (écrivain, 1885-1983)

ELLE M'AIME... UN PEU... BEAUCOUP... PASSIONNÉMENT... À LA FOLIE... PAS DU TOUT... ELLE M'AIME... UN PEU...

26. *Un poème de René Hague.*

DESSERT

Pas un chat

Pas un mot

Pas un chameau

René HAGUE

27. *Voici des annonces de spectacles.*
Classez-les par rubriques (cinéma, théâtre, danse, etc.).
Votre classe décide d'aller voir trois spectacles. Lesquels choisissez-vous ?

THEATRE MICHEL - LOC. 42.65.35.02
HENRI GUYBET
PYJAMA POUR SIX
de MARC CAMOLETTI
3e ANNEE DE RIRE
MAURICE RISCH

THEATRE DE L'ATELIER

DANIEL AUTEUIL	EMMANUELLE BEART

ROBERT RIMBAUD
DENISE CHALEM
JEAN DALRIC

LA DOUBLE INCONSTANCE
de
MARIVAUX

MISE EN SCENE
BERNARD MURAT

...die de Marivaux, mise en scène de B
.. Emmanuelle BEART (Silvia), Denis
..laminia), Isabelle GELINAS (Lisette)
..EUIL (Arlequin), Jean DALRIC (l
..rt RIMBAUD (Trivelin), Michel CHA
..eigneur)
..OUBLE INCONSTANCE

Centre Pompidou, rue Rambuteau, 42 77 11 12. *Les 15, 16, 17 juin à 21h, 18 juin à 18h30, 19 juin à 16h : Grande salle : « QUI A TUE LOLITA ? » choŕeg. du groupe Lolita. Petite salle : Les 15 juin à 18h30 : « Les Blue Belles poules » chorég. de M. Hervé Gil, les 16, 17 juin à 18h30 : « Fais-moi un cygne » chorég. de la Cie Trisunic et « Moment burlesque » chorég. de L. Lestrade.

Eglise Saint-Louis-en-l'île
Les 17, 22, 24, 25, 27, 28, 29 juin à 21h
VIVALDI
Les Quatre Saisons
Orchestre de chambre J.-L. PETIT
Pl. : 100 F. Réd. : 75 F. Loc. FNAC et 42.62.40.65

ROGER MOORE
dans
JAMES BOND 007
RIEN QUE POUR VOS YEUX
FOR YOUR EYES ONLY

V.O. : UGC NORMANDIE - FORUM LES HALLES - GAUMONT CONVENTION - VERSAI...
UGC LYON-BASTILLE - IMAGES - GAUMONT GAUMONT OUES...
NOGENT ARTEL - PANTIN CARREFOUR - SARCELLES FLANADES - DRAVEIL D...
THIAIS BELLE-EPINE PATHE - EVRY GAUMONT - BOULOGNE GAUMONT - L'ISLE-ADAM CONTI - DRAVEIL DR...
SEVRAN 5 DALTON - PALAISEAU 4 CHAMPS - STE-GENEVIEVE-DES-BOIS A PERRAY
VINCENNES 3 VINCENNES

COMME PLUS DE 100 000 VISITEURS
VENEZ ADMIRER EN 1re MONDIALE :

GRAND PALAIS
L'OR
ET SON
MYTHE

● le fabuleux trésor des incas.
● les collections les plus
prestigieuses du "Dieu Or" :
objets sacrés, bijoux, peintures...
● l'exposition "la plus riche du monde"
vous permet d'assister
en direct tous les 1/4 d'heure
à la coulée d'un lingot d'or.

PROLONGATION EXCEPTIONNELLE
JUSQU'AU 30 JUIN

GRAND PALAIS AV. WINSTON CHURCHILL
TOUS LES JOURS MÊME LE MARDI DE 11 H A 19 H
ORGANISÉE PAR BP. ROP
(DANS LE CADRE DE LA BIENNALE DES FEMMES)

SAINTE CHAPELLE
Les 17, 19 JUIN à 21h
et SAINT-JULIEN-LE-PAUVRE
Les 22 et 27 juin à 21h
LES TROMPETTES DE VERSAILLES
BACH · HAENDEL · VIVALDI
Pl. 90 F. Réd. 60 F. Loc. FNAC et 42.62.40.65

Palais des Congrès, Porte Maillot, loc. par tél. 47 58 13 03, aux caisses de 12h30 à 19h, rens. 47 58 13 33, 24h/24. Pl. : 110 à 200 F. *Jusqu'au 19 juin inclus. Soir. 20h30 (sauf dim. et lun.). Mat. dim. 15h30 : BALLET NATIONAL DE POLOGNE SLASK.

Leçon 4

❏ *Vocabulaire* ....

1. *Écrivez l'heure selon le modèle.*

a. dix heures quarante-cinq   b. onze heures moins le quart.

$\boxed{10.45}$

$\boxed{08.20}$ $\boxed{09.00}$ $\boxed{10.30}$ $\boxed{12.00}$

$\boxed{00.00}$ $\boxed{16.18}$ $\boxed{11.45}$ $\boxed{20.57}$

2. *Complétez avec à l'heure, en avance, en retard.*

Elle a rendez-vous à midi. Elle arrive à 11 h 30. Elle est ....

Il a rendez-vous à 18 h. Il arrive à 18 h 30. Il est ....

Il a rendez-vous à 13 h. Il arrive à 13 h. Il est ....

Le train part à 8 h 00. Il arrive à la gare à 7 h 30. Il est ....

Le train part à 10 h 45. Elle arrive à la gare à 11 h 00. Elle est ....

3. *Complétez avec savoir ou connaître.*

Vous . . . . . . l'Angleterre ?

Vous . . . . . . danser le tango ? — Non, je ne . . . . . . pas, mais je . . . . . . danser le rock.

Tu . . . . . . les chansons de Jacques Brel ?

Tu . . . . . . l'amie de Rémi ? — Oui, je . . . . . . comment elle s'appelle.

4. *Complétez avec bon ou bien.*

Un Dimanche à la campagne est un film intéressant. C'est un . . . . . . film.

Il a un . . . . . . professeur. Il travaille . . . .

Roland ne danse pas . . . . . . le rock. Ce n'est pas un . . . . . . danseur.

Je connais un . . . . . . restaurant, boulevard Saint-Michel.

❑ Grammaire ···

5. *Complétez avec* **à** *ou* **de.**

La pièce de théâtre commence . . . . . . 20 h précises.

Le mécanicien commence . . . . . . travailler à 8 h. Il finit . . . . . . travailler à 18 h.

Je finis . . . . . . déjeuner à 13 h 15.

Nicolas Legrand est à l'Olympia. Il commence . . . . . . chanter . . . . . . 9 h.

6. *Répondez affirmativement* (+) *ou négativement* (−).

Est-ce que vous avez des amis ? (+)
Est-ce que vous avez des amis chinois ? (−)
Est-ce que vous connaissez des journalistes ? (−)
Est-ce que vous aimez les romans ? (+)
Est-ce que vous écrivez des chansons ? (−)

7. *Donnez-leur des conseils d'après les indications entre parenthèses.*

Vous voulez aller en Angleterre ? *Apprenez l'anglais !*

Vous voulez aller dans une discothèque ?... *(apprendre à danser)*
Tu es fatiguée ?... *(téléphoner à un médecin)*
Vous avez un rendez-vous ?... *(arriver à l'heure)*
Tu aimes les bons romans ?... *(lire les romans de Flaubert)*
Vous n'aimez pas les westerns ?... *(ne pas aller au cinéma Rex)*

8. *Transformez les questions comme dans le modèle.*

Il va au théâtre ?   →   *Va-t-il au théâtre ?*

Vous aimez les pièces de Molière ?
Elle déjeune avec vous ?
Tu vas en Italie ?
Sylvie est médecin ?
Nicolas part en tournée sur la Côte d'Azur ?

9. *Mettez les verbes entre parenthèses à la forme qui convient.*

● Je *(vouloir)* aller en vacances en Espagne. J' *(apprendre)* l'espagnol.
● « Vous *(venir)* dîner chez moi ce soir ?
  — Non, excusez-moi, je ne *(pouvoir)* pas. Je ne *(être)* pas libre.
● Annie *(vouloir)* aller au théâtre ce soir. Mais elle ne *(pouvoir)* pas. La pièce *(commencer)* à 8 h et Annie *(sortir)* du bureau à 8 h 30.

❏ *Orthographe* ....

10. *Cherchez des mots contenant le son* [o] *et classez-les dans le tableau.*

o	ô	au	eau
discothèque	hôpital	restaurant	Beaulieu
....	....	....	....

11. *Soulignez les lettres qui ne se prononcent pas.*

Elle arrive en retard

J'ai rendez-vous avec une amie devant le musée.

Je suis d'accord pour aller dîner avec elle.

12. *Faites l'accord des adjectifs.*

● Le programme de télévision n'est pas *(bon)*......
● La pièce n'est pas *(amusant)*...... L'actrice est *(joli)*...... mais elle est *(mauvais)*......
● Sylvie travaille beaucoup. Elle est *(fatigué)*......
● Mme Martin est très *(gentil)*......
● Annie est *(désolé)*...... Elle ne peut pas venir dîner chez nous.

❏ *Écrit* ....

13. *Imaginez des slogans publicitaires...*

pour une école de danse
pour une agence de voyages
pour une station de sports d'hiver

14. *Les enfants sont en colonie de vacances. Imaginez leur programme de la journée.*

> **Programme de la journée du 10 août**

15. *Ils invitent des amis. Rédigez les invitations. Rédigez les réponses des amis.*

16. *Remplissez votre agenda pour la journée de demain. Présentez-le à votre voisin(e).*

```
Rendez-vous
Journée du .......................... 19..        13h
    7h                                            14h
    8h                                            15h
    9h                                            16h
   10h                                            17h
   11h                                            18h
   12h                                            19h
```

❑ *Oral* •

17. *Observez ce programme de la télévision française.*

Comparez avec les programmes dans votre pays (nombre de chaînes — types d'émissions — horaires).
Choisissez (en groupe) ce que vous aimeriez regarder.

14.00 14.30 LA CHANCE AUX CHANSONS	14.35 FÊTE COMME CHEZ VOUS	14.00 OCÉANIQUES	14.40 LA GRANDE VALLÉE	14.25 MAÎTRES ET VALETS	14.00 ■ AVIS DE RECHERCHE
15.00 15.00 CRIMES PASSIONNELS	15.00 FLASH 15.05 FÊTE COMME CHEZ VOUS	15.00 FLASH 15.05 TÉLÉ-CAROLINE	15.50 MISSION IMPOSSIBLE	15.15 LE MONDE SAUVAGE 15.40 CLIP COMBAT	■ AVIS DE RECHERCHE
16.00 16.00 L'APRÈS-MIDI AUSSI 16.45 CLUB DOROTHÉE	16.25 FLASH 16.30 UN DB DE PLUS 16.45 RÉCRÉ A2	TÉLÉ-CAROLINE	16.55 VANESSA	16.55 HIT HIT HIT HOURRA	16.10 ■ LA RUMBA
17.00 17.10 DES AGENTS TRÈS SPÉCIAUX	17.20 AU FIL DES JOURS 17.50 FLASH 17.55 MAGNUM	17.00 FLASH 17.05 LA DYNASTIE DES FORSYTE 17.30 AMUSE 3	17.20 FLO ET LES ROBINSON... 17.45 LE TOUR DU MONDE DE LYDIE	17.05 DAKTARI	17.35 CABOU CADIN
18.00 18.05 AGENCE TOUS RISQUES 18.55 MÉTÉO	18.45 DES CHIFFRES ET DES LETTRES	18.30 UNE MÈRE PAS COMME LES AUTRES 18.55 FLASH	18.10 JEANNE ET SERGE 18.30 HAPPY DAYS 18.55 FLASH	18.00 JOURNAL 18.10 MÉTÉO 6 18.15 ■ LE TRIPORTEUR	18.10 FLASH 18.15 DESSINS ANIMÉS 18.25 TOP 50 18.55 STARQUIZZ
19.00 19.00 SANTA BARBARA 19.30 LA ROUE DE LA FORTUNE	19.10 INFO-RÉGIONS 19.35 MAGUY	19.00 19/20 19.55 DIPLODO	19.05 LA PORTE MAGIQUE 19.30 BOULEVARD BOUVARD	19.55 6 MINUTES	19.20 NULLE PART AILLEURS
20.00 20.00 JOURNAL MÉTÉO	20.00 JOURNAL MÉTÉO	20.05 LA CLASSE 20.25 I.N.C.	20.00 JOURNAL	20.00 LES ROUTES DU PARADIS	NULLE PART AILLEURS
20.30 20.40 **FOOTBALL** Coupe d'Europe des vainqueurs de coupe Quart de finale match retour Marseille-Rovaniemi	20.35 ■ Mardi-cinéma **INSPECTEUR LAVARDIN** Film de Claude Chabrol avec Jean Poiret	20.30 ■ **SPHYNX** Film de Franklin J. Schaffner avec Leslay-Anne Down	20.30 ■ **PULSIONS** Film de Brian de Palma avec Michael Caine, Angie Dickinson, Nancy Allen, Keith Gordon	20.50 ■ **LA HORSE** Film de Pierre Granier-Deferre avec Jean Gabin, Eleonore Hirt, Christian Barbier, Pierre Dux	20.30 ■ **BONS BAISERS DE RUSSIE** Film de Terence Young avec Sean Connery
22.00 22.30 CONCERT MADONNA	22.15 LES JEUX	22.30 JOURNAL 22.50 RÉGIONAL	22.25 SPENSER	LA HORSE	22.20 FLASH 22.25 ■ LE PASSAGE
23.00 0.20 JOURNAL 0.35 MINUIT SPORT	23.30 24 H SUR LA 2	PROGRAMME RÉGIONAL	23.15 MISSION IMPOSSIBLE 0.10 KOJAK 1.15 LA GRANDE VALLÉE 2.25 ARIA DE RÊVE	23.05 HAWAII POLICE D'ETAT 23.55 6 MINUTES 0.05 CLUB 6 0.50 MAÎTRES ET VALETS 1.40 BOULEVARD DES CLIPS	23.45 ■ RÊVES SANGLANTS 1.15 ■ LES ORDRES ET LA LOI

« avec l'autorisation de Télé 7 Jours »
(Télé 7 Jours - extrait du programme du 12 au 13 mars 1988)

☐ *Compléments* ··

18. *Remplissez les cases d'après les définitions.*
   Dans les cases grises, lisez le nom d'un auteur de pièces de théâtre.

① On peut dîner dans un ....

② Il danse. C'est un ....

③ On peut danser dans une ....

④ 12 heures.

⑤ Pour connaître l'heure.

⑥ Le contraire de sortir.

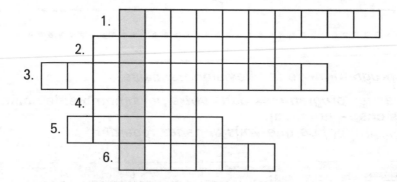

19. *Les poètes parlent de Paris.*

VOYAGE A PARIS

Ah ! la charmante chose
Quitter un pays morose
Pour Paris
Paris joli
Qu'un jour
Dut créer l'Amour
Ah ! la charmante chose
Quitter un pays morose
Pour Paris

Guillaume APOLLINAIRE
in Poèmes retrouvés, 1959
© Éditions Gallimard

LA SEINE

... Elle roucoule coule coule
Dès qu'elle entre dans Paris
Elle s'enroule roule roule
Autour de ses quais fleuris
Elle chante chante chante
Chante chante le jour et la nuit
Car la Seine est une amante
Et son amant c'est Paris

Extrait de La Seine
(F. Monod/G. Lafarge)
© Éditions et Productions
Théâtrales Chapell

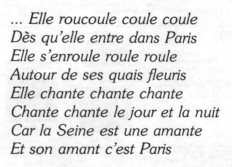

❑ *Vocabulaire* ....

1. *Faites la description physique et psychologique de :*

Nicolas Legrand ....

Sylvie Roman ....

Valérie Florentini ....

Roland Brunot ....

2. *Trouvez des exemples de personnages (roman, théâtre, cinéma, télévision, actualité) pour illustrer les qualités et les défauts suivants.*

amusant / amusante ....

timide ....

courageux ....

bête ....

méchant ....

antipathique ....

sympathique ....

3. *Écrivez en lettres les sommes suivantes.*

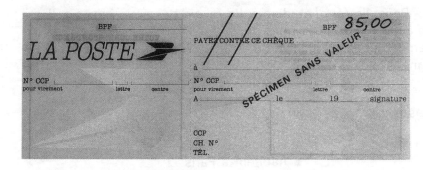

85 F

1 203 F

5 398 F

15 673 F

4. *Écrivez en chiffres ces dates importantes de l'histoire de la France. Savez-vous ce qu'elles représentent ?*

- Mille neuf cent quatorze.
- Mille neuf cent quatre-vingt-douze.
- Mille sept cent quatre-vingt-neuf.
- Huit cent quarante-deux.

❑ *Grammaire* ···

5. *Répondez selon les indications : (+) = oui ou si, (−) = non.*

« Mademoiselle ! Est-ce que vous connaissez l'Opéra ?

— (−) ....

— Vous ne connaissez pas Paris ?

— (+) ....

— Vous voulez danser ?

— (−) ....

— Vous ne savez pas danser ?

— (+) ....

— Vous n'êtes pas sympathique, Mademoiselle !

— Vous êtes ennuyeux, Monsieur ! »

6. *« On peut se dire tu... » Réécrivez le dialogue.*

« Vous voulez venir au concert ?
— Vous connaissez le programme ?
— Oui, il y a un concerto de Mozart. Vous aimez la musique classique ?
— Oui, mais je préfère le jazz. Et vous ?
— J'aime bien.
— Vous avez des vieux disques de Duke Ellington ? »

« Tu veux venir... »

7. *Mettez les verbes entre parenthèses à la forme qui convient.*

Peter et Karl *(habiter)* à Paris. Ils *(être)* étudiants. Ils *(avoir)* des amis français. Ils *(partir)* en vacances en août. Ils *(aller)* au bord de la mer. Ils *(savoir)* bien parler français, anglais et allemand et ils *(comprendre)* un peu l'espagnol. En septembre ils *(vouloir)* aller en Espagne.

8. *Reliez les sujets et les verbes.*

Nicolas et Roland

- voulons voyager
- habitent à Paris
- avez 20 ans
- comprenez l'explication
- rencontrent des amis
- répondez aux questions
- sont musiciens
- étudions le français
- lisons de bons romans.

vous

nous

9. *Complétez les questions avec quel / quels / quelle / quelles.*

- Quel âge avez-vous ?
- . . . . . . heure est-il ?
- . . . . . . disques écoutez-vous ?

- . . . . . . film préférez-vous ?
- . . . . . . ville habitez-vous ?
- . . . . . . actrices aimez-vous ?

10. *Complétez les questions de la colonne A par un mot de la colonne B.*
(Attention : plusieurs réponses sont possibles).

A	B	
Quel . . . . . . préfères-tu ?	heure	jour
Quel . . . . . . habitez-vous ?	rue	restaurant
Quelle . . . . . . est-il ?	sport	pays
Quel . . . . . . êtes-vous libre ?		

11. *Complétez avec l'un des deux verbes à la forme qui convient.*

rester - laisser • Nous . . . . . . à Paris, samedi et dimanche.

lire - dire • Nicolas . . . . . . bonjour à Valérie.

avoir - être • Vous . . . . . . quel âge ?

apprendre - répondre • Ils sont intelligents. Ils . . . . . . à toutes les questions.

regarder - voir • Nous ne . . . . . . pas les films à la télévision.

savoir - pouvoir • Elles ne . . . . . . pas le nom de l'acteur.

❑ *Orthographe* •

12. *Faites les accords nécessaires.*

Le 24 mai, à 18 h, devant le numéro 8 de l'Avenue de l'Opéra, Julie rencontre
Grégoire. Julie est une *(grand) (jeune)* femme *(beau)*, *(blond)*, *(souriant)* et
(sympathique). Elle a beaucoup de qualités. Elle est *(intelligent)*, *(courageux)* et
(amusant). Grégoire, lui, est un *(petit)* homme *(vieux)*, *(laid)*, *(ennuyeux)* et *(gros)*.

13. *Écrivez le texte précédent en remplaçant :*

a) « Julie » par « Jacques » et « Grégoire » par « Berthe ».
b) « Julie » par « Marie et François ».

14. *Cherchez des mots contenant le son* [s] *et classez-les dans le tableau suivant.*

s	ss	c	ç	x	t
triste	rousse	mince	garçon	soixante	attention
....	....	....	....	....	....

15. *Choisissez l'orthographe du son* [s].

Mme Girard est une vieille dame rou. . .e de soi. . .ante ans. Elle est . .ympathique. Elle est avec un petit gar. . .on de six ans.

Regardez ce vieux mon. . .ieur ! Il a . .ent ans. Il a trois enfants : un méde. . .in, une dan. . .euse et une actri. . .e.

16. *Cherchez les mots contenant le son* [z] *et classez-les dans le tableau suivant.*

s	z
maison	douze
....	....

17. *Choisissez l'orthographe du son* [z].

● Elle a on. . .e enfants. Elle est courageu. . .e.

● Est-ce que vous li. . .ez les pièces de théâtre ennuyeu. . .es ?

● Mademoi. . .elle, vous avez . . .éro en conjugai. . .on ! Vous êtes anglai. . .e mais ce n'est pas une excu. . .e.

❏ *Écrit* •••

18. *Lisez ces petites annonces. Quels couples pouvez-vous former ?*

A Jeune homme, 25 ans, brun, grand, architecte, aime sports, voyages et musique. Cherche femme blonde souriante.	**I** Jeune femme brune, 35 ans, mince, sportive, aime sorties et voyages. Ne déteste pas la campagne. Cherche homme courageux et sympathique.
B Homme blond, 45 ans, grand, mince, médecin. Aime livres, musées, T.V. Cherche jeune femme sympathique 30-35 ans.	**II** Femme de 40 ans, jeune de caractère, amusante. Cheveux blonds. Cherche homme aimant voyages.
C Bel homme 35 ans, souriant. Très grand. Aime musique classique, week-ends à la campagne.	**III** Jeune femme brune, 30 ans, secrétaire, aime voyages et sport. Déteste T.V. Cherche homme sympathique, bonne profession.

19. *Rédigez l'annonce correspondant à la femme idéale de B.*

20. *Observez les affiches ci-dessus et remplissez le tableau.*

Nom de la fête	Type de manifestation	Lieu	Dates
....	....	....	....
....	....	....	....

9 JUILLET - 4 AOUT 1988

Festival d'Avignon

8 BIS RUE DE MONS 84000 AVIGNON. TEL ...
LE FESTIVAL D'AVIGNON EST PARRAINÉ PAR LE CR... ...CE

PROVENÇA FLAMENCA
4e Rencontre
du 2 au 9 juillet 1988
MANOSQUE

...o Guitare
...Concert

FÊTE DE LA VÉRAISON
FÊTE DES VINS - WINES FESTIVAL - WEINFEST
CHÂTEAUNEUF du PAPE
Les 6 et 7 Août 1988
Vaucluse...

Fêtes au jardin des Tuileries
1er juin
3 octobre 1988
Musée de l'Orangerie

❑ Oral ••

21. *Scénario pour jouer, pour raconter.*

   a) donnez un nom, une profession, une nationalité, un âge, etc., aux personnages
   b) racontez l'histoire
   c) imaginez comment les deux jeunes gens font connaissance. Jouez la scène
   d) imaginez et jouez les scènes (b), (c), (d), (e)
   e) rédigez la lettre du jeune homme f) imaginez les pensées de la jeune fille

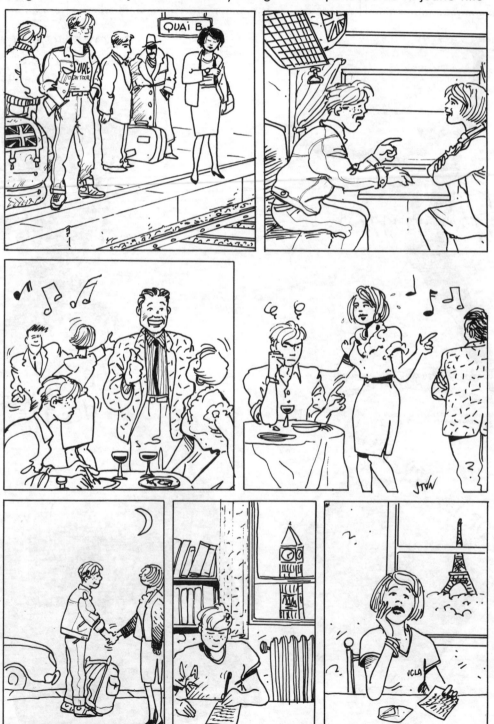

❑ *Compléments* ································

22. *Reliez les personnages et les dates.*

Jeanne d'Arc	(1890-1970)
Charlemagne	(1769-1821)
Charles de Gaulle	(1412-1431)
Victor Hugo	(742-814)
Louis XIV	(1828-1905)
Napoléon Ier	(1802-1885)
Jules Verne	(1694-1778)
Voltaire	(1638-1715)

23. *Poème de Maurice Carême.*

RONDE

Dans cette ronde,
Entrez la blonde ;
Entrez la brune
Avec la lune ;
Vous, la pluie douce,
Avec la rousse ;
Vous, la châtaine,
Avec la plaine ;
Vous, la plus belle,
Avec le ciel.
J'y entre moi,
Avec la joie.

Maurice CARÊME
(La Lanterne magique, *1947*)
Éd. Ouvrières, Paris
© *Fondation Maurice Carême*

❑ *Vocabulaire* ··

1. *Complétez avec une préposition (devant, sous, etc.).*

Nicolas chante . . . . . . le piano.

La partition est . . . . . . Roland.

Il y a un livre . . . . . . le piano.

Il y a une lampe . . . . . . piano.

Valérie est . . . . . . Sylvie.

Sylvie est . . . . . . Nicolas et Valérie.

Il y a un stylo . . . . . . piano.

On voit des disques . . . . . . le piano.

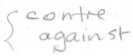

{ contre
  against

2. *Dessinez le plan de votre appartement. Indiquez le nom des pièces.*

3. *Vous louez ce studio vide. Placez les meubles. Indiquez leurs noms.*

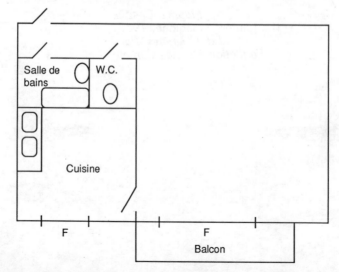

4. Complétez la grille et lisez dans les cases grises le nom d'un peintre français célèbre.

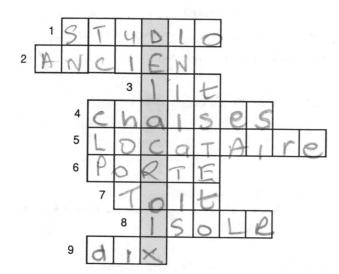

1. Appartement d'une pièce.
2. Cet appartement n'est pas moderne.
3. Dans la chambre.
4. Autour de la table.
5. Il loue un appartement.
6. Pour entrer.
7. Sur la maison.
8. Loin d'une ville ou d'un village.
9. Cinq et cinq.

❏ *Grammaire* ....

5. Mettez les verbes à la forme qui convient.

M. Lavigne *(vendre)* une maison à M. Martin.
M. et Mme Martin *(acheter)* la maison. Ils *(voir)* un bâtiment derrière la maison.
« Vous *(vendre)* aussi ce bâtiment, M. Lavigne ?
— Non, ce bâtiment n'est pas à *(vendre)*. Je *(louer)* cette grange à un ami. »

6. Complétez avec ce / cet / cette / ces.

● « Regarde ...... annonces. Il y a des maisons et des appartements à vendre !

— ...... appartement est magnifique !

— Moi, je préfère ...... maison isolée.

— ...... annonce ne dit pas le prix. On peut écrire à ...... adresse. »

● « Regarde ...... photo. C'est moi avec des amis, en Grèce.

— ...... fille brune à côté de toi, qui est-ce ?

— C'est Brigitte, une collègue de travail.

— Et ...... jeune garçon ?

— C'est le fils de Brigitte. »

7. Complétez avec un / une / des ou ce / cet / cette / ces.

- J'ai . . . . . . maison sur la Côte d'Azur. . . . . . . maison est à louer.
- Nous attendons . . . . . . amis. . . . . . . amis sont en retard.
- Est-ce que . . . . . . maison est à vendre ? Je cherche . . . . . . maison à acheter.
- Rome est . . . . . . ville magnifique. Je voudrais passer mes vacances dans . . . . . . ville.
- Écoute . . . . . . disque ! Ce sont . . . . . . chansons de Georges Brassens.
- Regarde . . . . . . homme là-bas à côté de l'arbre ! C'est . . . . . . présentateur de la télévision.

☐ Orthographe ••

8. Les consonnes doubles. Complétez le tableau avec des mots que vous connaissez.

pp	mm	ll	tt	nn
appartement	immeuble	salle	toilettes	ancienne
. . . .	. . . .	. . . .	. . . .	. . . .

9. Les consonnes finales « muettes ». Complétez le tableau.

s	t	d
tapi<u>s</u>	li<u>t</u>	gran<u>d</u>
. . . .	. . . .	. . . .

10. Les graphies du son [ɛ̃]. Complétez les mots avec in - ain, etc.

- Ce médec. . . . améric. . . . est s. . . . . .mpathique.
- Dem. . . . . ., je vais travailler dans le jard. . . . . . .
- Il est écriv. . . . . . . Il écrit des romans . . . .téressants.
- Elle a m. . . . . .tenant v. . . . . .gt-c. . . .q ans.
- J'ai un ami maroc. . . . . . . Il habite au Quartier lat. . . . . . .

11. Mettez les adjectifs à la forme qui convient.

Dans un immeuble *(ancien)*, il y a un *(beau)* appartement à louer. La cuisine est *(grand)*, les chambres sont *(clair)* et *(calme)*. La *(premier)* chambre est très *(grand)*. Les deux autres sont *(petit)* mais *(agréable)*.

☐ *Écrit* ••

12. *M. et Mme Martin écrivent à M. Lavigne avant d'aller visiter la maison de Broussac. Imaginez toutes les questions qu'ils posent.*

« Est-ce que la maison est loin du village ?

Est-ce qu'il y a . . . . . . »

13. *Il écrit à l'agence BIMO pour vendre son appartement... Vous êtes employé à l'agence. Rédigez l'annonce.*

> *Monsieur,*
>
> *Je voudrais vendre un appartement par l'intermédiaire de votre agence. Cet appartement est situé près du centre-ville, dans un quartier calme, 8 rue Racine. Il est au deuxième étage d'un petit immeuble de 3 étages. Il y a 5 pièces : une salle à manger, une cuisine, 3 chambres, une salle de bains et un W.C.*
>
> *On peut visiter cet appartement le samedi et le dimanche de 14 h à 17 h, sur rendez-vous. (tél. : 09.01.00.03).*

14. *Vous cherchez une maison ou un appartement à louer. Écrivez à une agence.*

« Je cherche . . . . . . »

15. *Dessinez et décrivez le logement de vos rêves.*

❏ *Oral* ....

16. *Votre groupe classe décide de passer un mois en France.*
Mettez-vous d'accord sur le choix d'un logement.
Examinez les qualités et les défauts des logements ci-dessous et
choisissez.

En bordure de LOIRE - près NEVERS Vue panoramique - Parc arboré 3 hectares CHATEAU sur 3 niveaux, 500 m² au sol Parfait état, dépendances, 4 000 000 F	**DORDOGNE, Vallée du LOT,** **près du village** **MANOIR** de 8 pièces principales PARC 2 ha 9. Dépendances. 1 800 000 F Chaque acquéreur reçoit gratuitement un rapport complet d'estimation établi par un expert agréé auprès des tribunaux	**Au cœur du QUERCY** Accès facile par autoroute ou aéroport Toulouse **BELLE FERME ANCIENNE RESTAURÉE** Pièces voûtées, cheminées d'époque, dépendances aménageables Point de vue. **TERRAIN 11 ha.** **AFFAIRE DE QUALITÉ**
120 km PARIS-SUD par AUTOROUTE **AGRÉABLE DEMEURE ANCIENNE** Réception, 4 chambres, tout confort **VASTES DÉPENDANCES** PARC de 3 ha avec JARDIN A LA FRANÇAISE PRAIRIE, RIVIÈRE	**55 km PARIS-Nord** - accès rapide Entre **NOAILLES** et **CHANTILLY** dans un cadre magnifique **AUTHENTIQUE MOULIN** ayant gardé tout son charme et son caractère dans un superbe terrain d'un hectare. 1 400 000 F	**LE VESINET** Site résidentiel classé 17ᵉ de l'Étoile par RER **CHARMANTE PROPRIÉTÉ** **DÉBUT DE SIÈCLE** Construction de qualité, réception 80 m², 4 chambres, confort, beau jardin arboré, 1 500 m²

17. *Meublez votre chambre. Discutez des qualités et des défauts de chaque*
meuble et choisissez.

☐ Compléments ....

18. *Connaissez-vous les styles d'architecture ?*

Retrouvez une construction préhistorique
un intérieur de maison de l'époque romaine
une façade du XVIIᵉ siècle
une maison moderne

19. *Il a rangé son studio. Cherchez les changements.*

Avant — Après

20. *Illustrez ce poème de Verlaine.*

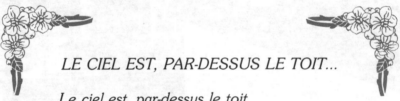

LE CIEL EST, PAR-DESSUS LE TOIT...

Le ciel est, par-dessus le toit
    Si bleu, si calme !
Un arbre, par-dessus le toit,
    Berce sa palme.

La cloche, dans le ciel qu'on voit,
    Doucement tinte.
Un oiseau sur l'arbre qu'on voit
    Chante sa plainte.

Mon Dieu, mon Dieu, la vie est là,
    Simple et tranquille.
Cette paisible rumeur-là
    Vient de la ville.

— Qu'as-tu fait, ô toi que voilà
    Pleurant sans cesse,
Dis, qu'as-tu fait, toi que voilà,
    De ta jeunesse ?

VERLAINE, Sagesse

Leçon 2

❑ *Vocabulaire* ....

1. *Mettez l'article le - la - l' ou les et cherchez le mot intrus.*

- ..... tomates, ... haricots, (..... banane,) ..... pommes de terre, ... petits pois.
- ..... bœuf, ... pain, ... agneau, ... veau, ... poulet.
- ..... vin, ... café, ... thé, ... eau, ... jus d'orange.
- ..... toit, ... fenêtre, ... mur, ... port, ... escalier.

2. *Yves et Martine sont au restaurant. Qu'est-ce qu'ils prennent ?*

3. *Composez votre petit déjeuner.*

HÔTEL CONTINENTAL

Petit déjeuner					
café	☐	pain	☐	œufs à la coque	☐
thé	☐	croissants	☐	œufs frits	☐
chocolat	☐	brioches	☐	œufs frits au bacon	☐
jus d'orange	☐	toasts	☐	œufs brouillés	☐
lait	☐	pâtisseries	☐	charcuterie	☐
		beurre	☐	fromages	☐
		confiture	☐		

4. Choisissez l'un des deux verbes et mettez-le à la forme qui convient.

voir / boire :	Il ne . . . . pas de vin aux repas.
prendre / apprendre :	Au petit déjeuner nous . . . . du café au lait.
choisir / chercher :	Comme entrée, ils . . . . de la soupe de poisson.
s'appeler / appeler :	« . . . . Didier ! Il est dans le jardin. »
être / avoir :	Elle . . . faim. Elle veut manger.
commander / demander :	Ils . . . . le repas au garçon.

5. Composez des menus pour eux.

Elle a 3 mois.

Il est végétarien.

Ils font un régime.

Ils se marient.

6. Commentez les plats suivants :
« C'est bon... très bon... excellent... délicieux... mauvais... etc. »

poulet aux petits pois	steack-frites
canard à l'orange	salade de champignons
soupe de haricots	omelette aux champignons
lapin aux olives	spaghetti nature
poisson grillé	spaghetti bolognese
cuisses de grenouilles	escargots à la bourguignonne

❑ Grammaire ······································

7. Répondez et complétez selon le modèle.

(+) = oui   (−) = non
Modèle : Pierre, ... frites ? (+)
→ *Pierre, veux-tu des frites ? — Oui, j'aime les frites.*

Helmut, ... poulet ? (+)

Sarah, ... salade ? (−)

Carlos, ... fruits ? (−)

Marlyn et Anna, ... steack ? (+)

8. Complétez avec l'article qui convient.

● Je voudrais . . . . café. J'aime . . . . café.

● J'aime bien . . . . fromage. Est-ce qu'il y a . . . . fromage au dessert ?

● . . . . thé est prêt. Est-ce que vous voulez . . . . thé ?

● Il aime bien . . . . tartes aux pommes mais il préfère . . . . tartes au citron.

● J'ai . . . . bière dans le réfrigérateur. Tu veux boire . . . . bière ?

9. Complétez avec un peu de / quelques / un morceau de.

a bit of.   a few   piece

● Voulez-vous . . . . . . vin ?

— Non, je voudrais . . . . . . eau, s'il vous plaît.

● Voulez-vous encore . . . . . . frites ?

— Non, mais je veux bien . . . . . . salade.

● Prenez encore . . . . . . gâteau.
have some more.
— Non, merci. Je vais reprendre . . . . . . glace.

● Je peux prendre encore un petit . . . . . . fromage ?

10. Complétez avec ce matin, cet après-midi, ce soir, cette nuit.

● . . . . . . j'ai un rendez-vous après le petit déjeuner.

● . . . . . . nous allons à l'Opéra. Le spectacle commence à 21 h.

● Nicole arrive des États-Unis . . . . . ., à 2 h du matin.

● Je prends le train . . . . . . à 8 h.

● . . . . . . à 15 h, ils vont visiter le musée Picasso.

11. *Composez des conversations à trois personnages selon le modèle.*

● A. Voulez-vous du fromage ? B. (−) C. (−)

→

A. Voulez-vous du fromage ? B. Non, je ne veux pas de fromage. C. Moi non plus.

● A. Aimez-vous le poisson ?
 B. (+)
 C. (+)

● A. Buvez-vous du thé ?
 B. (+)
 C. (−)

● A. Prenez-vous de la glace ?
 B. (−)
 C. (−)

● A. Mangez-vous des escargots ?
 B. (−)
 C. (+)

● A. Aimez-vous le théâtre ?
 B. (+)
 C. (+)

● A. Allez-vous à la campagne ?
 B. (−)
 C. (+)

12. *Faites des phrases en choisissant un mot dans chaque colonne.*

● Les enfants   font   jouer   dans   football
   Pierre   mange   du   au   campagne
   Demain   vont   la   quelques   restaurant

● Nous   allons   bientôt   potage   pour   le   soif
   Elle   font   des   livres   sur   demain   petit déjeuner
   Tu   prépare   un   frites   dans   la   dîner

● Les   disque   de   armoire   font   intéressant   la   professeur
   Ces   livres   du   jardin   sont   dans   les   Jacques
   Des   amis   la   l'étudiant   vont   pour   du   bibliothèque

❑ *Orthographe* ••

13. *Cherchez des mots contenant le son* [ʒ] *et classez-les dans le tableau.*

g	j
il mange	le jardin
....	....

14. *La lettre « g » se prononce* [g] *ou* [ʒ]. *Notez le son entre les crochets.*

- Il part en voyage au Portugal.
                  [ʒ]   [ ]
- Il est au régime. Il ne mange pas d'escargots.
            [ ]   [ ]   [ ]
- La grange derrière la maison est grande.
     [ ]   [ ]   [ ]
- Les dialogues de ce film sont ennuyeux.
            [ ]
- Ce garçon joue de la guitare.
     [ ]   [ ]

→ *Trouvez la règle*

g + ... = [g]

g + ... = [ʒ]

15. *Écrivez les mots soulignés au pluriel et faites les accords nécessaires.*

- Ce <u>tableau</u> a cent ans.

- Ce <u>gâteau</u> est excellent.

- Garçon ! Regardez ! Il y a un <u>cheveu</u> dans le potage.

- Vous connaissez le nouveau <u>disque</u> de Nicolas Legrand ?

- Ce <u>cadeau</u> est très beau.

☐ *Écrit* •

16. *Vous disposez des produits suivants. Improvisez un repas pour 2 personnes.*

Produits	Menu
6 œufs	
2 tranches de jambon	
4 pommes de terre	
6 tomates	
1 laitue	
du riz	
du beurre	
du fromage	
de l'huile - du vinaigre - du sel - du poivre	

17. *Rédigez les invitations.*

- M. et Mme Viguier invitent M. et Mme Legal, jeudi 18 mars, 20 h.
- Nicole invite Suzanne, dimanche, à un pique-nique à la campagne.
- Mme Bergaud invite M. et Mme Rigal à prendre le thé, samedi, 17 h.

Oral ....

18. *Observez le tarif des consommations.*

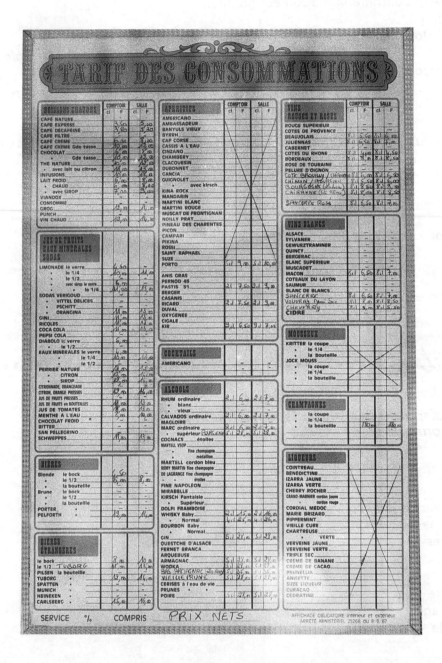

- Où choisissez-vous de consommer ?   Au comptoir ? En salle ?

- Que prenez-vous ? A 8 h, le matin ?   A midi ? Pendant le repas ? A 18 h ?

- Vous êtes au café avec quelques amis. Jouez la scène. Choisissez vos consommations. Appelez le garçon. Commandez.

19. *Dans quels restaurants peut-on trouver ces menus ?*

 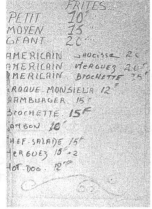  

☐ Compléments ....

20. *Pour rire.*

- Une dame va consulter un médecin radiologue.
« Pouvez-vous me passer cette boîte de conserve aux rayons X ? Je ne sais plus si c'est des haricots verts ou des petits pois. »
- Le sandwich préféré de l'avare : une tranche de pain entre deux tranches de pain.
- Le monsieur *(au garçon)* : Garçon ! Je voudrais un steack grillé à point au feu de bois, avec un peu de sel d'un côté, un peu de poivre de l'autre côté, quelques herbes de Provence et un peu d'ail.

Le garçon : Bien monsieur.

(à la cuisine) Un steack ! Un !

21. *Comprenez-vous ce dialogue humoristique de Prévert ?*

L'ADDITION

LE CLIENT : — Garçon, l'addition !

LE GARÇON : — Voilà. *(Il sort son crayon et note.)* Vous avez... deux œufs durs, un veau, un petit pois, une asperge, un fromage avec beurre, une amande verte, un café filtre, un téléphone.

LE CLIENT : — Et puis des cigarettes !

LE GARÇON. *(Il commence à compter)* : — C'est ça même... des cigarettes...
        ... Alors ça fait... .

LE CLIENT : — N'insistez pas, mon ami, c'est inutile, vous ne réussirez jamais.

LE GARÇON : — ! ! !

LE CLIENT : — On ne vous a donc pas appris à l'école que c'est ma-thé-ma-ti-que-ment impossible d'additionner des choses d'espèce différente !

LE GARÇON : — ! ! !

LE CLIENT *(élevant la voix)* : — Enfin, tout de même, de qui se moque-t-on ?... Il faut réellement être insensé pour oser essayer de tenter d'« additionner » un veau avec des cigarettes, des cigarettes avec un café filtre, un café filtre avec une amande verte et des œufs durs avec des petits pois, des petits pois avec un téléphone...

Jacques PRÉVERT in *Histoires*
© Éditions Gallimard

Leçon 3

❏ *Vocabulaire* ....

1. Que faites-vous...

à 7 h	à 17 h ....
à 10 h	à 20 h 30 ....
à 12 h 30	à 21 h ....
à 14 h	à minuit ....

2. Complétez avec monter ou descendre.

Il est au 3ᵉ étage. Il ...... au 1ᵉʳ étage.

Elle ...... au dernier étage de la tour Eiffel.

Il va ...... sur le toit de la maison.

Nous habitons à Paris mais pour les vacances nous ...... sur la Côte d'Azur.

Ils travaillent à Marseille mais ils ...... à Paris une fois par mois.

3. Voici des titres de presse. Retrouvez le sous-titre correspondant à chaque titre.

A

Ariane 4: un vol de rêve!

B

200.000 personnes sans eau potable

C

Tous les regards sont fixés sur le palais de l'Elysée

D

IBM lance ses nouveaux «minis...»

E

Hold-up avec prise d'otages

1

L'incendie d'une usine a entraîné l'arrêt de la fourniture d'eau de Tours. La situation risque de durer plusieurs jours. Inquiétudes pour le bétail

2

■ L'événement informatique de l'année a eu lieu hier à Paris, au Zénith, Porte de la Villette : IBM a lancé sa nouvelle gamme de mini-ordinateurs, annoncée sous le nom de code «Bilverlake» et présentée sous son non officiel : l'IBM AS/400. C'est le multisystème d'IBM offrant six modèles du B/10 au B/60.

3

■ Hold-up, hier, dans un bureau de la Caisse d'Epargne de la banlieue nord d'Alès. Deux des employés, qui avaient été pris en otage, ont été blessés.

Scénario malheureusement classique: lorsque les trois employés de la succursale «Etoile 2.000» ont ouvert les bureaux aux alentours de 13 h 30, trois individus ont surgi d'une voiture armes au poing, les obligeant à pénétrer dans la banque et à ouvrir le coffre.

4

Au lendemain des élections, le président de la République s'adresse ce soir aux Français

5

La fusée européenne fait un remarquable sans faute et place sur orbite ses trois satellites

Extraits du MIDI LIBRE.

❏ *Grammaire* ••••••••••••••••••••••••••••••••••

4. Mettez les verbes à la forme qui convient.

Le matin je *(se lever)* tôt.
Nous *(se coucher)* tard le samedi soir.
Tu *(se réveiller)* à quelle heure, le matin ?
Le dimanche nous aimons *(se reposer)* à la campagne.
Une minute, s'il te plaît ! Je *(se laver)*, je *(s'habiller)* et j'arrive !
Ils travaillent tard et *(se lever)* tôt. Ils ne *(dormir)* pas beaucoup.

5. Exprimez vos goûts, vos souhaits, vos possibilités : j'aime... je voudrais... je peux... je ne peux pas...

Exemple : Se lever tôt le matin → *Je voudrais me lever tôt mais je ne peux pas.*
Je n'aime pas me lever tôt.

- Se lever à 11 h.
- Se réveiller en musique.

- Se coucher tard.
- S'habiller à la dernière mode.

6. Répondez selon la consigne.

- Vous vous couchez tard ce soir ?
  — (—) ....

- Il se réveille tôt ?
  — (+) ....

- Vous aimez vous laver à l'eau froide ?
  — (—) ....

- Elle s'habille à la mode ?
  — (—) ....

- Tu te reposes après le déjeuner ?
  — (+) ....

7. Complétez avec quelqu'un - personne - quelque chose - rien.

- « — J'entends un bruit bizarre.
  — Moi, je n'entends ...... »

- « Tu connais ...... dans cette ville ?
  — Non, je ne connais ...... »

- « Vous voulez manger ...... ?
  — Non, merci, je ne veux ......
  manger »

- « Tu vois cet avion ?
  — Non, je ne vois ...... »

- « Tu cherches ...... ?
  — Non, je ne cherche rien »

- « Vous voulez parler à ...... ?
  — Oui, je voudrais parler au directeur »

8. Complétez avec un adjectif possessif.

Je viens chez toi ce soir. Je connais ...... adresse.

Tu as un bon médecin. Quel est ...... nom ?

Je voudrais faire une traduction, mais je ne trouve pas ...... dictionnaire.

Jacques Brel est un bon chanteur. Vous connaissez ...... chansons ?

Il prend ...... petit déjeuner à 8 h.

❑ Orthographe ··

9. Soulignez dans la liste suivante les mots où l'on entend le son [j]. Classez ces mots dans le tableau.

un avion — une fille — une ville — nous allons — la bière — délicieux — juillet — il se réveille — bruyant — un ballet — un pays — ancien — vieux — un billet — nous allons — ennuyeux.

graphies du son [j]		
i	y	ill
....	....	....
....	....	....
....	....	....

10. Marquez les liaisons. Notez que la lettre s finale se prononce [z].

Ils ont soif.

Vous avez faim ? Prenez encore quelques escargots !

Nous aimons nous coucher tôt. Nous avons sommeil.

Tes autres outils sont près des arbres.

Mes amis entendent des bruits. Ils ont peur.

11. Transformez.

● Ce dessert   est délicieux.
.... glace   ....
.... fruits   ....
.... oranges   ....

● Ce vieux monsieur   est ennuyeux.
.... films   ....
.... dame   ....
.... histoires ....

● Cet appartement est ancien.
...... maison   ....
...... photos   ....
...... livres   ....

● Ce plat est mauvais.
.... pommes de terre ....
.... haricots   ....
.... viande   ....

12. *Complétez les verbes.*

- La nuit à Broussac on enten.... des bruits bizarres.
- Elle par.... demain en voyage. Elle pren.... le train de 8 h.
- Comme boisson, il choisi.... du jus de fruits. Il ne boi.... pas d'alcool.
- M. Lavigne ven.... sa maison.
- Est-ce qu'il voi.... beaucoup ses amis ?

❏ *Écrit* ••

13. *Vous êtes en vacances. Écrivez à un(e) ami(e) et racontez-lui vos journées de vacances.*

« Cher Claude,
Je suis en vacances à Biarritz. Le matin je me lève à... »

14. *Imaginez des titres pour les faits divers suivants et continuez les articles.*

> Mardi 8 juillet. 9 h du matin. Mme Dépré se promène dans le jardin du Luxembourg. A cette heure matinale, il n'y a pas beaucoup de monde. Derrière une statue, Mme Dépré aperçoit le corps d'un homme de 50 ans. Elle appelle...

> Dans la nuit du 9 au 10 février, une forte explosion réveille les habitants de la petite place de la cathédrale...

❏ *Oral* ••

15. *Jacques est pessimiste. Marie est optimiste. Comment présentent-ils les faits suivants ?*

CE N'EST PAS SÛR ... PEUT-ETRE ...

C'EST SÛR ! BIEN SÛR ! SANS DOUTE !

- Cet été nous allons en vacances au Japon.
- Nous allons trouver un bel appartement à louer.
- Nicole peut travailler 10 heures par jour.
- Il y a beaucoup de bons restaurants à Londres.

16. *Que se passe-t-il ? Commentez ces photos. Rédigez un titre pour chacune d'elles.*

☐ *Compléments* ....

17. *Présentez la ville de Beaune d'après le document ci-dessous.*

18. *Continuez les histoires suivantes.*

- Il est 8 h. Comme tous les matins, Charles Perret descend au rez-de-chaussée de sa villa. Il entre dans le salon. Surprise ! . . . . . .

- Il est 18 h. Mélanie rentre chez elle. Elle vient de chez des amis et passe par les petites rues sombres du quartier de l'Écluse . . . . . .

- Il est 10 h. Il y a trois clients dans la banque Dageant de la rue Émile-Zola . . . . . .

19. *Jouez les scènes.*

a) **Elle cherche son collier de perles**

b) **Il est mécontent**

20. *Poème de Paul Eluard.*

LIBERTÉ

Sur mes cahiers d'écolier
Sur mon pupitre et les arbres
Sur le sable et sur la neige
J'écris ton nom

Sur toutes les pages lues
Sur toutes les pages blanches
Pierre sang papier ou cendre
J'écris ton nom

[...]

Et par le pouvoir d'un mot
Je recommence ma vie
Je suis né pour te connaître
Pour te nommer

Liberté

Paul ELUARD (1895-1952)
© Éditions de Minuit

❏ *Vocabulaire* ....

1. *Écrivez dans la grille huit noms de vêtements.*

2. *Faites leur portrait et décrivez leurs vêtements.*

3. *Qu'est-ce qu'ils mettent pour aller...*

— à la campagne
— à l'Opéra
— dans une soirée mondaine
— sur la plage
— se coucher

4. *Que signifient ces étiquettes ?*

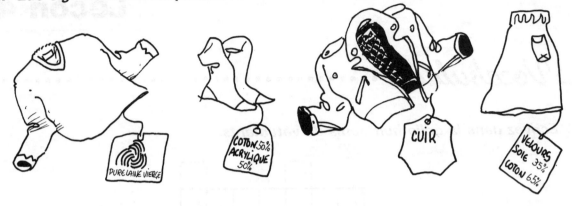

5. *Vous faites un projet de vitrail moderne. Indiquez les couleurs et coloriez.*

6. *Choisissez la matière de ces objets.*

un portefeuille
un rideau
une ceinture
une table
une montre
une statue

velours	bois	verre
laine	fer	or
coton	pierre	argent
soie	brique	ivoire
cuir	plastique	marbre

« *Un portefeuille peut être en cuir, en plastique...* »

❏ *Grammaire* ••

7. *Complétez avec les adjectifs possessifs* mon / ma / mes, ton / ta / tes, son / sa / ses.

- Ces outils sont à toi ?   — Oui, ce sont . . . . . . outils.
- Ces photos sont à lui ?   — Oui, ce sont . . . . . . photos.
- Ce stylo est à elle ?   — Oui, c'est . . . . . . stylo.
- Cette lampe est à toi ?   — Oui, c'est . . . . . . lampe.
- Ce livre est à moi ?   — Oui, c'est . . . . . . livre.

8. *Complétez avec les adjectifs possessifs* notre / votre, nos / vos, leur / leurs.

- Venez voir . . . . . . maison de campagne ! . . . . . . jardin est agréable et
  . . . . . . voisins sont sympathiques.
- S'il vous plaît, Monsieur ! Montrez-moi . . . . . . papiers ! Vous avez
  . . . . . . passeport ?
- Nicole et Michel sont ici, ... voiture est devant la porte.

9. *Complétez avec l'adjectif possessif qui convient.*

Ces livres sont à eux ? Oui, ce sont . . . . . . livres.

Cette maison est à vous ? Oui, c'est . . . . . . maison.

Cette villa est à eux ? Oui, c'est . . . . . . villa.

Ce manteau est à Rosa ? Oui, c'est . . . . . . manteau.

Ces vêtements sont aux enfants ? Oui, ce sont . . . . . . vêtements.

10. *Transformez selon le modèle.*

Exemple : C'est le manteau de Jacques ? → *C'est son manteau*
Ce manteau est à lui

C'est le magasin de Mme Gras ? . . . . . .

Ce sont les chaussures de Pierre ? . . . . . .

C'est la maison de M. et de Mme Martin ? . . . . . .

Ce sont les enfants de M. et de Mme Martin ? . . . . . .

C'est la montre de Jacques ? . . . . . .

11. *Complétez en utilisant coûter, peser, mesurer.*

Julien . . . . . . 1,70 m et vous, combien vous . . . . . . ?

Le veau . . . . . . 80 F le kilo. Ce morceau . . . . . . 800 g.

Ces cahiers . . . . . . 8 F pièce.

Ces chaussures . . . . . . 300 F.

12. *Posez les questions correspondant aux réponses suivantes.*

Ce poulet coûte 25 F.
Les oranges coûtent 9 F le kilo.
Ma chambre mesure 3 m sur 4 m.
Ce rôti de bœuf pèse 800 g.
Ces carottes pèsent 1 kg 500.

□ *Orthographe* •

13. *Le groupe II se prononce* [j] *ou* [l]. *Notez la prononciation sous les mots.*

● Il travaille en ville avec sa fille.
  [j]   [ ]   [ ]
● Quelle est la taille de Gilles ?
        [ ]   [ ]

● Il y a mille francs dans son portefeuille.
       [ ]   [ ]
● Besançon est une belle ville tranquille.
                     [ ][ ]   [ ]

14. *Mettez les verbes à la forme qui convient.*

● Comment vous *(payer)* ?
  — Nous *(payer)* par chèque.
● Tu *(mettre)* un costume et une cravate pour aller au théâtre ?
● Voulez-vous *(essayer)* de parler français ?
  — J'*(essayer)* mais je ne *(comprendre)* pas bien.
● *(Mettre)* ces journaux sur la table du salon !
● Elles *(essayer)* toutes les chaussures du magasin.

15. *Complétez avec tout / tous / toute / toutes.*

. . . . . . les jours il achète . . . . . . les journaux.

Il lit . . . . . . les faits divers.

Le propriétaire vend . . . . . . l'immeuble.

. . . . . . mes amis sont en vacances.

Est-ce que vos amis habitent . . . . . . à Paris ?

Il travaille . . . . . . la journée.

❏ *Écrit* ....

16. *Voici un extrait d'un catalogue de vente par correspondance. Lisez la présentation de l'article. Rédigez une présentation pour les articles suivants.*

C depuis 129F

C   La chemisette carreaux.
Originale, parfaitement finie, cette belle chemisette est d'excellente qualité. Manches courtes. Col pointes boutonnées. 1 poche poitrine. En **100 % coton.**

tour de cou	vert	prix
37/38	29.1738	
39/40	29.1748	129,00
41/42	29.1758	
43/44	29.1768	139,00

17. Lisez le document de douane ci-dessous et répondez.

FRANCHISES
Vous n'avez à acquitter ni droits ni taxes sur les marchandises suivantes :

A. Denrées et articles divers (1)	Voyageurs en provenance de :		
	Pays membres de la CEE (2)	Autres pays (2)	
1. TABACS			le
Cigarettes (unités) (3)	300	200	double
ou			si vous
Cigarillos (unités) (3)	150	100	habitez
ou			en
Cigares (unités) (3)	75	50	dehors
ou			de
Tabacs à fumer (grammes) (3) ...	400	250	l'Europe
2. BOISSONS ALCOOLISÉES			
Vins tranquilles (3)	5 l	2 l	
et			
soit boissons titrant			
plus de 22° (3)	1,5 l	1 l	
soit boissons titrant			
22° ou moins (3)	3 l	2 l	
3. PARFUMS	75 g	50 g	
4. EAUX DE TOILETTE	3/8 l	1/4 l	
5. CAFÉ	1000 g	500 g	
ou			
Extraits et essences de café	400 g	200 g	
6. THÉ	200 g	100 g	
ou			
Extraits et essences de thé	80 g	40 g	
7. AUTRES MARCHANDISES (3)			
Par voyageur âgé de 15 ans			
et plus	2 400 FF	300 FF	
Par voyageur âgé de moins			
de 15 ans	620 FF	150 FF	

(1) Le montant des franchises est déterminé par la Communauté Économique Européenne. Il est susceptible d'être modifié en cours d'année.
(2) Les pays de la CEE sont : l'Allemagne Fédérale, la Belgique, le Danemark, l'Espagne, la France, la Grèce, la République d'Irlande, l'Italie, le Luxembourg, les Pays-Bas, le Portugal et le Royaume-Uni. Pour les îles anglo-normandes et l'île de Man, un régime particulier est prévu. L'Andorre, Ceuta, Meilia et les îles Canaries ne font pas partie de la CEE.
(3) Les personnes âgées de moins de 17 ans ne peuvent importer en franchise ni tabac, ni boissons alcoolisées.

Pouvez-vous entrer en France avec

4 litres de vin ?
20 paquets de cigarettes ?
1 litre de Cognac ?
120 grammes de thé ?
3 paquets de café de 150 grammes ?
1 boîte de 50 cigares ?

Vous êtes...

espagnol	chinois
....	....
....	....
....	....
....	....
....	....
....	....

avec l'aimable autorisation de la Direction Générale des

Douanes et Droits Indirects

18. Voici un ticket d'achat de supermarché.

a) Identifiez les produits.
b) Vérifiez le total.
c) Faites la liste de vos achats de fin de semaine.

....

....

....

....

SUPERMARCHÉ	
UNI MAGASIN	
CHAUSS.	35,00
POM. D. TER.	8,00
VEAU	80,00
ÉCHAR.	25,00
LAMP.	110,00
CHAP.	40,00
POUL.	38,00
POISS.	62,00
FROM.	27,00
STYL.	15,00
TOTAL	460,00

❑ *Oral* •••

19. *Jouez la scène.*

Vous achetez du tissu pour faire les costumes de Pierrot et d'Arlequin.
Jouez le dialogue avec le vendeur.
— Choisissez les tissus.
— Demandez les prix.
— Donnez les mesures, etc.

20. *Jouez les scènes.*

a) **Elle repeint son appartement**

b) **Ils se disputent les vêtements**

21. *La mode de printemps chez les grands couturiers parisiens.*
Vous faites le reportage du défilé de mode :

a) *Présentez les modèles.*

b) *Indiquez vos goûts personnels.*

DIOR

ST LAURENT

CACHAREL

CHANEL

KENZO

RENOMA

LANVIN

DIOR

❏ Compléments ••••••••••••••••••••••••••••••••••••

22. Connaissez-vous...

leur hauteur...
a) la tour Eiffel
b) le mont Everest
c) une girafe
d) la pyramide de Khéops (Égypte)
e) la tour Montparnasse (Paris)
f) le mont Blanc

les records de poids...
g) d'un bœuf
h) d'un porc
i) d'une baleine bleue
j) d'un éléphant
k) d'un anaconda (serpent)
l) d'un homard

combien coûtent ces tableaux célèbres
m) *Les Tournesols* (Van Gogh)
n) *Paysage marin* (Turner)
o) *La Joconde* (Léonard de Vinci)

	l) 20 kg	f) 4 807 m
	k) 230 kg	e) 210 m
	j) 12 000 kg	d) 146 m
o) 500 000 000 F	i) 190 000 kg	c) 6 m
n) 80 000 000 F	h) 1 157 kg	b) 8 882 m
m) 219 000 000 F	g) 2 100 kg	a) 300 m

23. Histoires de...

● Chaussures

Un homme aux grands pieds achète des chaussures. Il essaie la pointure 45. Ça ne va pas. Il essaie un 46, puis un 47, puis un 48. C'est trop petit...
Alors la vendeuse lui dit :
« Il n'y a pas de pointure plus grande, mais si vous voulez, vous pouvez essayer la boîte. »

● Chemise

Un homme entre dans un magasin de vêtements :
« Bonjour Madame, je voudrais une chemise lilas. »
La vendeuse sort des chemises mauves, des chemises violettes, des chemises bordeaux.
« Non, Madame, ce n'est pas ça. Je voudrais une chemise lilas, comme cette chemise, là, dans la vitrine.
— Mais Monsieur ! C'est une chemise blanche !
— Et alors ! Vous n'avez jamais vu de lilas blancs ! »

24. *... et une autre histoire de Jacques Prévert.*

L'ACCENT GRAVE

LE PROFESSEUR : — Élève Hamlet !

L'ÉLÈVE HAMLET *(sursautant)* : —... Hein... Quoi... Pardon... Qu'est-ce qui se passe... Qu'est-ce qu'il y a... Qu'est-ce que c'est ?...

LE PROFESSEUR *(mécontent)* : — Vous ne pouvez pas répondre « présent » comme tout le monde ? Pas possible, vous êtes encore dans les nuages.

L'ÉLÈVE HAMLET : — Être ou ne pas être dans les nuages !

LE PROFESSEUR : — Suffit. Pas tant de manières. Et conjuguez-moi le verbe être, comme tout le monde, c'est tout ce que je vous demande.

L'ÉLÈVE HAMLET : — To be...

LE PROFESSEUR : — En français, s'il vous plaît, comme tout le monde.

L'ÉLÈVE HAMLET : — Bien, monsieur. *(Il conjugue)* :
Je suis ou je ne suis pas
Tu es ou tu n'es pas
Il est ou il n'est pas
Nous sommes ou nous ne sommes pas...

LE PROFESSEUR *(excessivement mécontent)* :
— Mais c'est vous qui n'y êtes pas, mon pauvre ami !

L'ÉLÈVE HAMLET : — C'est exact, monsieur le professeur,
Je suis « où » je ne suis pas
Et, dans le fond, hein, à la réflexion,
Être « où » ne pas être
C'est peut-être aussi la question.

Jacques PRÉVERT in *Paroles*
© Éditions GALLIMARD

❏ *Vocabulaire* ••••••••••••••••••••••••••••••••••••••

1. Complétez avec les articles le, la, l' et trouvez le mot intrus.

- . . . . . assiette . . . . . verre . . . . . couloir . . . . . fourchette . . . . . bouteille.
- . . . . . savon . . . . . dentifrice . . . . . lavabo . . . . . doute . . . . . serviette.
- . . . . . beurre . . . . . farine . . . . . fromage . . . . . lait . . . . . yaourt.
- . . . . . viande . . . . . sel . . . . . poivre . . . . . huile . . . . . moutarde.

2. Comment faut-il mettre la table ? Expliquez.

Il faut mettre . . . . . . à droite de . . . . . ., etc.

3. Quels ingrédients faut-il pour faire :

- une salade de tomates,
- une soupe de légumes,
- des œufs au bacon,
- une salade de fruits,
- un gâteau ?

4. Commentez les notes de cette élève (excellent — très bien — bien — assez bien, etc.) :

BULLETIN TRIMESTRIEL		
Nom : BONOT **Prénom** : Stéphanie		**Classe** : 6e A
MATIÈRE	NOTE/20	COMMENTAIRES DU PROFESSEUR
Français	16	*Stéphanie fait de bons devoirs. Continuer.*
Mathématiques	18	
Sciences	15	
Histoire/Géographie	10	
Anglais	12,5	
Sport	9	
Musique	19	

5. Complétez les phrases avec les verbes : couper — casser — verser — mélanger — ajouter.

« Henri ! Tu peux . . . . . . un peu de vin à M. Martin ? »

Pour faire une salade de tomates, il faut . . . . . . les tomates en petits morceaux.

« Ce plat n'est pas très salé. Tu peux . . . . . . un peu de sel ? »

Pour avoir une bonne pâte, vous devez bien . . . . . . les œufs, la farine et le lait.

On ne fait pas d'omelette sans . . . . . . d'œufs (proverbe).

❏ *Grammaire* ....

6. Donnez des ordres ou des conseils comme dans l'exemple.

Vous devez parler français → *Parlez français !*

Vous ne devez pas ajouter de lait . . . . . .

Tu dois attendre un quart d'heure . . . . . .

Nous devons payer en liquide . . . . . .

Tu ne dois pas partir en retard . . . . . .

Vous devez vous lever tôt . . . . . .

Tu ne dois pas t'asseoir ici . . . . . .

Nous devons nous préparer vite . . . . . .

Vous avez le temps. Vous ne devez pas vous dépêcher . . . . . .

7. Réécrivez les ordres suivants en utilisant le verbe devoir.

Le père autoritaire à son fils :
« Lève-toi ! Lave-toi ! Bois ton café au lait !... Ne mets pas ta veste ! Mets ton blouson ! Dépêche-toi ! Arrive à l'heure ! Ne bavarde pas en chemin ! »

8. Réécrivez les ordres de l'exercice précédent en utilisant il faut...

9. Complétez les verbes de la colonne de gauche avec un complément pris dans la colonne de droite.

Il lave...	... un cassoulet
Pierre se lave...	... mon verre
Elle prépare...	... au bureau du directeur
Il se prépare...	... à 7 heures précises
Vous présentez...	... dans la salle de bains
Vous vous présentez...	... sa chemise
Je lève...	... pour aller travailler
Je me lève...	... Jacques à des amis

10. Mettez les verbes entre parenthèses à la forme qui convient.

● Nous *(avoir)* rendez-vous avec le directeur à 17 h. *(S'asseoir)* dans la salle d'attente et *(attendre)* !

● Je *(devoir)* me coucher tôt. Ce soir je n'*(attendre)* pas la fin du programme de télévision.

● Tu ne *(devoir)* pas *(s'asseoir)* ici ! Cette place est réservée.

❏ *Orthographe* ••••••••••••••••••••••••••••••••••••••

11. Les graphies du son [f]. Complétez le tableau.

f	ff	ph
un défilé	difficile	une pharmacie

12. Les graphies du son [k]. Complétez le tableau.

c	qu	k
un cadeau	qui	le ski

13. Marquez les liaisons en t.

Ils sont ici.

Cette année tous les chars sont excellents.
C'est une belle robe.
Cet élève est intelligent et intéressant.
Comment fait-on ce gâteau ? Il faut essayer cette recette.

14. Complétez les mots avec é, ée, er, et.

Il y a du poul.... au dîn......
Cette ann.... les jeunes ont une bonne id.... pour le défil.... du Mardi-Gras.
Où est la cl.... de la porte ? — A côt.... de l'escali......

☐ Écrit ••

15. Un ami français veut apprendre votre langue. Écrivez-lui pour lui donner des conseils.

> *Cher . . . . ,*
>
> *Tu veux apprendre le . . . . . .*
> *Tu dois . . . . . .*
> *Il faut . . . . . .*

16. Sur le modèle suivant, rédigez...

7 CONSEILS

Pour être en forme le matin.
1. Dormez 7 à 8 heures par nuit.
2. Ne restez pas au lit.
3. Réveillez-vous en musique.
4. Au réveil, buvez un grand verre d'eau.
5. Faites 10 mn de gymnastique.
6. Prenez une douche fraîche.
7. Prenez un solide petit déjeuner.

- *7 conseils pour maigrir.*
- *7 conseils pour avoir des amis.*
- *7 conseils pour trouver une bonne profession.*

17. Rédigez sur le modèle de la recette des crêpes (livre de l'élève p. 89), la recette d'un plat de votre pays.

18. Rédigez des cartes de vœux de Nouvel An d'après ces modèles.

Oral ··

19. Vous êtes professeur de gymnastique. Donnez des ordres correspondant à ces dessins.

20. *Ils donnent des ordres. Jouez les scènes.*

a) Il part en colonie de vacances

b) « Faites attention ! »

21. *Lisez ces titres de presse. De qui font-ils l'éloge ?*

Pays-Bas 2 - URSS 0
Premier titre européen pour les Pays-Bas

Barbara Hendricks : la voie royale

Elle est la Mimi de « La bohème », de Puccini, filmée par Comencini. Le rôle le plus émouvant de cette enfant du gospel devenue star.

LES CINQ LIVRES CLÉ DU MOIS

Pink Floyd-Versailles le face-à-face des monuments

Union sportive à XV
L'excellente première année

Extraits du Midi Libre.

❑ *Compléments* ....

22. *Connaissez-vous ?*

C. Simon

film de C. Lelouch
avec J.-L. Trintignant et A. Aimée

P. Modiano

M. Yourcenar

● **Les grands prix littéraires français.**

— LE PRIX GONCOURT. C'est le plus célèbre. Il récompense un roman. Voici quelques grands prix Goncourt :
Marcel Proust — *A l'ombre des jeunes filles en fleurs* (1919)
André Malraux — *La Condition humaine* (1933)
Julien Gracq — *Le Rivage des Syrtes* (1951)
André Pieyre de Mandiargues — *La Marge* (1967)
Patrick Modiano — *Rue des boutiques obscures* (1979)

— LE PRIX FÉMINA. Le jury est composé de 12 femmes.
Romain Rolland — *Jean-Christophe* (1905)
Antoine de Saint-Exupéry — *Vol de nuit* (1931)
Marguerite Yourcenar — *L'Œuvre au noir* (1969)

● **Les Français et le prix Nobel de littérature :**

Albert Camus (1957) — Saint-John Perse (1960) — J.-P. Sartre (refuse son prix en 1965) — Claude Simon (1985).

● **Un grand prix de cinéma : la Palme d'or du Festival de Cannes.**

Existe depuis 1946.
Quelques films français ont été primés :
Les Parapluies de Cherbourg (J. Demy) — 1964.
Un homme et une femme (C. Lelouch) — 1966.
Sous le soleil de Satan (M. Pialat) — 1987.

23. *Une histoire de Gaston Lagaffe* **(Bande dessinée de Franquin).**

Le directeur du journal *Spirou* trouve dans son bureau M. de Mesmaeker, un homme d'affaires venu pour signer un important contrat d'édition...
(Extrait de *Gare aux Gaffes du Gars gonflé* — p. 28).

© FRANQUIN/ÉDITIONS DUPUIS — Charleroi, Belgique.

❏ *Vocabulaire* ....

1. Complétez avec les noms : numéro, bureau, pièce.
(Attention, ces noms peuvent avoir plusieurs sens.)

Je voudrais téléphoner à Jacques. Tu as son . . . . . . de téléphone ?

Sur le . . . . . . du directeur, il y a deux téléphones.

Mlle Barbier arrive au . . . . . . à 9 h.

Au cirque, il y a un excellent . . . . . . de prestidigitation.

Didier a une belle collection de . . . . . . de monnaie ancienne.

Au Théâtre des Champs-Élysées on joue une très bonne . . . . . .

Il a un appartement de trois . . . . . .

2. Cherchez tous les compléments possibles pour les verbes suivants. Donnez chaque fois la traduction du verbe.

appeler	... une lettre
	... un dossier
recevoir	... son chien
	... la société Frantexport
préparer	... des amis
	... une robe
essayer	... une fête
	... un plat

Exemple : *appeler son chien — appeler des amis — appeler la société Frantexport.*

3. Classez dans le tableau les verbes du texte commençant par « re »
(ou « r »).
Complétez le tableau avec d'autres verbes que vous connaissez.

Le directeur *(à sa secrétaire)* : Mademoiselle ! J'ai relu cette lettre. Il y a beaucoup de fautes.
 Refaites-la, s'il vous plaît. Ensuite, vous devez rappeler Monsieur Fontaine et remercier
 Madame Mercier pour son invitation.
La secrétaire : Vous connaissez le numéro de téléphone de Madame Mercier ?
Le directeur : Non, recherchez-le dans l'annuaire ou regardez dans le dossier C.A.E.

« re » ou « r » *(action répétée)*	« re » ou « r » *(action non répétée)*
relire	remercier
....	....
....	....

4. *Décrivez les nouveaux bureaux de l'agence BIMO.*

❏ *Grammaire* ••••••••••••••••••••••••••••••••••••••

5. *Répondez aux questions suivantes par un ordre en utilisant le verbe entre parenthèses.*

(parler) ● Est-ce que je peux parler au directeur ?

— Oui, ...

(répondre) ● Est-ce que je dois répondre à Sophie ?

— Oui, ...

(raconter) ● Est-ce que nous pouvons raconter cette histoire à nos enfants ?

— Oui, ...

(demander) ● Est-ce que je peux demander un service à M. Lefort ?

— Oui, ...

(téléphoner) ● Est-ce que je dois téléphoner à M. et Mme Martin ?

— Oui, ...

6. *Continuez les phrases suivantes. Donnez un ordre ou un conseil en utilisant le verbe entre parenthèses.*

Cette robe est jolie. *(essayer)* → *Essayez-la.*

Ce manteau vous va bien *(acheter)* . . . . . .

Ces gâteaux sont délicieux *(goûter)* . . . . . .

Notre appartement est petit *(vendre)* . . . . . .

Je viens avec toi *(attendre)* . . . . . .

Nous voulons bien aller au cinéma avec vous *(attendre)* . . . . . .

Prends ton pull-over et ton écharpe *(mettre)* . . . . . .

7. *Faites des phrases en utilisant un mot de chaque liste.*

A	B	C	D
Nathalie	vendre	cadeau	secrétaire
Agence BIMO	louer	maison	Magali
directeur	acheter	appartement	agence Paris Immobilier
secrétaire	offrir	ordre	dactylo
	donner	dossier	

8. *Répondez en utilisant personne ou rien.*

Est-ce que quelqu'un vient ce matin ? — Non, ...

Est-ce que tout va bien chez vous ? — Non, ...

Quelqu'un aime ce film ? — Non, ...

Quelqu'un peut jouer au tennis comme Yvan Lendl ? Non, ...

Est-ce qu'il manque quelque chose ? — Non, ...

9. *Retrouvez la question.*

● . . . . ?

— Non, personne ne connaît son numéro de téléphone.

● . . . . ?

—. Non, rien ne manque. Tout est prêt.

● . . . . ?

— Non, je ne fais rien aujourd'hui.

● . . . . ?

— Non, personne ne veut aller voir ce film.

● . . . . ?

— Non, elle ne parle à personne.

❑ Orthographe ••

10. *Barrez les « t » et les « d » non prononcés.*

Le vert va bien aux blonds et aux blondes.

Le président signe un contrat intéressant.

Serge choisit deux plats. Il prend du poulet et des haricots. Bon appétit !

Les grands boulevards sont des endroits bruyants.

Cet enfant a beaucoup de défauts.

11. *Complétez avec « l » ou « ll ».*

Le pou. . . .et est dé. . . .icieux et le dessert est exce. . . .ent.

Je dois appe. . . .er Hong Kong. « A. . . .ô ! Hong Kong ! »

La dacty. . . .o écrit le nom de la vi. . . .e sur l'enve. . . .oppe.

Pour a. . . .er bou. . . .evard Saint-Michel, ce n'est pas diffici. . . .e.

12. *Écrivez les verbes appeler, s'appeler, rappeler, épeler à la forme qui convient.*

« — Je ne sais pas comment vous .... *(s'appeler)*.

— Je .... *(s'appeler)* Brugnier.

— S'il vous plaît, ... *(épeler)* votre nom. »

« — Allô ! Monsieur Dupuis ? Ici Bruno Durand.

— Excusez-moi, j'ai une réunion. Pouvez-vous .... *(rappeler)* ?

— D'accord je .... *(rappeler)* à 11 h. »

13. *Complétez les mots avec « r » ou « rr ».*

Mademoiselle, vous devez co. . . .iger ces fautes et rappeler ce numé. . . .o.

Par l'auto. . . .oute vous a. . . .ivez à l'aé. . . .oport en 5 minutes.

Je voudrais un café et un ve. . . .e d'eau, s'il vous plaît.

Le professeur inte. . . .oge les élèves.

14. *Écrivez les verbes en « yer » à la forme qui convient.*

« Comment . . . . . .-vous ? *(payer)*

— Je . . . . . . par chèque. » *(payer)*

Nous . . . . . . d'avoir M. Dupuis au téléphone. *(essayer)*

Tous les ans, le 1ᵉʳ janvier, il . . . . . . des cartes de vœux. *(envoyer)*

Les secrétaires . . . . . . de finir le travail pour 6 h. *(essayer)*

❏ *Écrit* ••

15. *Transformez ces lettres en télégrammes.*

Nice, le 20 juillet

Cher Jean,
J'arrive mercredi à 14ʰ 30
à Orly-Ouest. Est-ce que tu
peux venir m'attendre à
l'aéroport ?
Je te remercie.
Bien cordialement.

Stéphanie

Paris, le 7 mai

Monsieur,
Je dois aller vendredi à Francfort.
Je voudrais donc pouvoir étudier le
contrat Bardet avant ce voyage. Pourriez-
vous m'envoyer d'urgence ce dossier ?
Je vous en remercie à l'avance.

D. Grassot

16. *Voici un formulaire de télégramme. Remplissez-le pour envoyer un télégramme...*

a) à **Monsieur Moreau** (voir dialogue A, p. 104 du livre)
b) à un ami ou à un parent.

N° 698	TÉLÉGRAMME		Étiquettes			N° d'appel :
						INDICATIONS DE TRANSMISSION

Ligne de numérotation · N° télégraphique · Taxe principale. · Timbre à date · N° de la ligne du P.V. :

ZCZC

Ligne pilote · Taxes accessoires · Bureau de destination · Code Postal ou Pays

Total ..

| Bureau d'origine | Mots | Date | Heure | Mentions de service |

Services spéciaux demandés :
(voir au verso)

Inscrire en **CAPITALES** l'adresse complète (rue, n° bloc, bâtiment, escalier, etc...), le texte et la signature (une lettre par case ; **laisser une case blanche entre les mots**).

Pour accélérer la remise des télégrammes indiquer le numéro de téléphone (1) ou de télex (3) du destinataire
TF _____ TLX _____

Nom et adresse

TEXTE et éventuellement signature très lisible

Pour avis en cas de non remise, indiquer le nom et l'adresse de l'expéditeur (2) :

17. *« Eh bien, écrivez-leur ! » dit M. Dupuis à sa secrétaire (p. 104 du livre). Écrivez à la société Dublet. Donnez-lui des renseignements sur l'entreprise Frantexport.*

☐ *Oral* •••

18. *Monsieur Dupuis a laissé des ordres à sa secrétaire de direction.*
Nicole Barbier distribue le travail aux autres secrétaires. Jouez la scène.

- Écrire à la société Dublet
- Téléphoner à New-York pour contrat
- Envoyer un projet de publicité à l'agence Paris. Pub.
- Répondre à M. Fontaine.
- Demander renseignements à Chazelles.
- Préparer réunion du 23.04.

« Valérie, il faut écrire... »

19. *Observez ce document. Comment peut-on téléphoner de France à*
l'étranger ?

« Document FRANCE TELECOM : annuaire officiel des abonnés au téléphone ».

20. *Observez les offres d'emploi.*

a) Recherchez pour chacune :

- le type d'entreprise
- le type d'emploi offert
- les qualifications nécessaires

b) Vous êtes responsable d'une agence qui recherche du personnel pour les entreprises. Présentez ces emplois à vos visiteurs.

LABORATOIRE

cherche pour trois de ses sociétés
du secteur biomédical

UN CHEF DU PERSONNEL

De formation supérieure, de préférence juridique, il possède au moins quatre années d'expérience dans la fonction, et si possible en milieu de production et de distribution.

Adresser lettre manuscrite,
curriculum-vitae, photo et
prétentions sous la référence 206 PO

Société de Fabrication Textile

recherche

traductrice trilingue

Allemand/Anglais

maîtrisant parfaitement
la langue allemande

Elle sera principalement chargée d'effectuer des traductions techniques, commerciales ou d'intérêt général.

Elle interviendra comme interprète lors de réunions et pourra être amenée à effectuer quelques déplacements (France ou Étranger).

IMPORTANTE CLINIQUE

recherche son

CHEF COMPTABLE

Responsable des Services Administratifs

Titulaire du D.E.C.S.,
il aura une expérience significative.

Merci d'adresser lettre manuscrite,
C.V., photo et prétentions à :
M. le Directeur,

❏ *Compléments* •••••••••••••••••••••••••••••••••••

21. *Remplissez les cases en écrivant le contraire des adjectifs.*
Lisez de haut en bas le nom d'une grande société française.

payant ——

occupé ——

nerveux ——

facile ——

long ——

haut ——

âgé ——

compétent ——

vieux ——

22. Pour rire. Au téléphone :

« Allô ! Est-ce que c'est monsieur Martin ?
— Non, monsieur. Papa n'est pas là.
— Ah bon. Et ta maman, elle est là ?
— Non, monsieur. Papa et maman sont au cinéma.
— Alors, est-ce que tu peux me passer ta sœur ?
— Oui, monsieur, je vais la chercher...
(Une minute passe)...
— Monsieur ! Excusez-moi, je ne peux pas vous passer ma sœur. Je n'arrive pas à la sortir du berceau. »

23. Lisez cette bande dessinée et jouez la scène.
   Imaginez des bandes dessinées sur des situations semblables :

— un directeur et sa secrétaire ;   — un enfant de 10 ans et sa sœur de 4 ans. etc.

© C. Charillon - Paris

24. *Poème de Prévert*

POUR FAIRE LE PORTRAIT
D'UN OISEAU

A Elsa Henriquez

Peindre d'abord une cage
avec une porte ouverte
peindre ensuite
quelque chose de joli
quelque chose de simple
quelque chose de beau
quelque chose d'utile
pour l'oiseau
placer ensuite la toile contre un arbre
dans un jardin
dans un bois
ou dans une forêt
se cacher derrière l'arbre
sans rien dire
sans bouger...
Parfois l'oiseau arrive vite
mais il peut aussi bien mettre de longues années
avant de se décider
Ne pas se décourager
attendre
(...)
Quand l'oiseau arrive
s'il arrive
observer le plus profond silence
attendre que l'oiseau entre dans la cage
et quand il est entré
fermer doucement la porte avec le pinceau
puis
effacer un à un tous les barreaux
en ayant soin de ne toucher aucune des plumes de l'oiseau
Faire ensuite le portrait de l'arbre
en choisissant la plus belle de ses branches
pour l'oiseau
peindre aussi le vert feuillage et la fraîcheur du vent
la poussière du soleil
et le bruit des bêtes de l'herbe dans la chaleur de l'été
et puis attendre que l'oiseau se décide à chanter
Si l'oiseau ne chante pas
c'est mauvais signe
signe que le tableau est mauvais
mais s'il chante c'est bon signe
signe que vous pouvez signer
Alors vous arrachez tout doucement
une des plumes de l'oiseau
et vous écrivez votre nom dans un coin du tableau.

Jacques PRÉVERT in Paroles
© *Éditions GALLIMARD*

❏ *Vocabulaire* ....

1. *Retrouvez le portrait correspondant à la description.*

Il a un visage rond, de petits yeux souriants et des cheveux bruns très courts. Sa bouche est large et il a de grandes oreilles. Il ne porte pas de barbe mais il a une petite moustache.

« Ce n'est pas le . . . . . . parce que . . . »

2. *Elle fait le portrait-robot d'un malfaiteur. Dessinez-le d'après les indications.*

C'EST UNE FEMME. ELLE EST GRANDE ET MINCE. ELLE MESURE 1m70 ENVIRON. ELLE PORTE UN PULL-OVER JAUNE, UN PANTALON NOIR ET DES CHAUSSURES DE TENNIS. ELLE A UN VISAGE ALLONGÉ, DES CHEVEUX BRUNS COUPÉS COURTS, AVEC UNE FRANGE SUR LE FRONT. SON NEZ EST LONG ET ELLE PORTE DES LUNETTES. JE CROIS QU'ELLE A DE GRANDS YEUX BLEUS.

3. *Voici des titres de presse. De quel type de fait divers s'agit-il (cambriolage, accident, etc.) ?*

- Une auto contre un arbre. 3 morts . . . . . .
- 2 hommes se battent à la sortie d'un cinéma. Un blessé . . . . . .
- Il rentre de vacances et trouve son appartement vide . . . . . .
- Les ravisseurs de la petite Clara (8 ans) réclament 1 million de F. . . . . . .
- Une bombe éclate devant un supermarché . . . . . .

4. *Observez cette fiche familiale d'état civil et complétez les phrases.*

```
C.E.R.F.A. 10-0023  64226

ORGANISME DESTINATAIRE                   FICHE FAMILIALE D'ETAT CIVIL
     (Désignation et adresse)                et de nationalité française (1)

                                         dressée en application du décret du 26 septembre 1953 modifié par le décret du
                                         22 mars 1972 (J.O. du 23 mars) et l'arrêté du 22 mars 1972 (J.O. du 23 mars 1972)
                                         modifié par l'arrêté du 15 mai 1974 (J.O. du 18 mai 1974).

     Timbre imprimé                      NOTA. – A la demande de l'intéressé, il peut être établi soit une fiche séparée
     ou le cachet de l'organisme          pour chaque membre de la famille (fiche individuelle), soit une fiche collective
     certificateur                        (fiche familiale). Pour valoir certificat de vie, de non-divorce ou de non-séparation
                                          de corps les mentions «non décédés, «non divorcés, «non séparé de corps devront,
                                          selon les cas, figurer expressément sur la fiche au regard des prénoms de la personne
                                          intéressée.

                                         NOM (2) : LECLERC
                                                   (Nom de jeune fille pour les femmes mariées, veuves ou divorcées)
Lorsque la fiche est utilisée comme
fiche de nationalité, préciser :          Prénom (s) : Colette · Françoise · Marie
                                                     (Au complet dans l'ordre de l'état civil)
Carte nationale d'identité n°             Né (e) le 6 mars 1946
                                                   (Le mois doit être inscrit en toutes lettres)
     délivrée le _____              à Paris (2e)
     par _____                        (Commune et département. Pour Paris et Lyon, indiquer l'arrondissement)

                                         de LECLERC Charles·Edmond
                                            (Nom et prénoms du père) (3)
                                         et de LECLERC Thérèse née MARTIN
                                              (Nom et prénoms de la mère) (3)

                                         Marié (e) le 4 Juillet 1966
Lorsque la fiche est utilisée comme       à Paris (13e)
fiche de nationalité, préciser :            (Commune et département. Pour Paris et Lyon, indiquer l'arrondissement)
Carte nationale d'identité n°             Conjoint : RICHAUD Pierre·Henri
                                                    (Nom (2) et prénom (3).)
     délivrée le _____              Né (e) le 9 juin 1941
     par _____                      à Charles (Eure et Loir)

                                         Observations (4) :

(1) La mention « et de nationalité française » doit être rayée lorsque aucune carte nationale d'identité n'est présentée. En outre, la fiche
familiale ne vaut fiche de nationalité que pour les membres de la famille titulaires d'une carte nationale d'identité dont les références
auront été répertoriées en regard de leurs prénoms.
(2) En lettres capitales.
(3) Cette ligne ne doit être remplie que dans la mesure où les documents représentés le permettent et si l'intéressé ne s'y oppose pas
(4) Sous cette rubrique pourra être notamment portée, si l'intéressé le demande et si les documents présentés le permettent, la mention
du décès du conjoint ou du divorce.
```

Colette Leclerc est la . . . . . . de Charles Leclerc.   C'est la . . . . . . de Pierre Richaud.

Thérèse Leclerc est la . . . . . . de Colette Leclerc.   C'est la . . . . . . de Pierre Richaud.

Pierre Richaud est le . . . . . . de Colette Leclerc. C'est le . . . . . . de Charles Leclerc.

Charles et Thérèse Leclerc sont les . . . . . . de Colette et les . . . . . . de Pierre Richaud.

☐ Grammaire ....

5. *Pierre et Michèle sont différents. Continuez selon le modèle.*

Pierre	Michèle
Je me couche toujours tôt	— Et moi, je ne me couche jamais tôt. Je me couche toujours tard.
Je dors toujours beaucoup	....
Je ne sors jamais le soir	....
Je fais toujours du sport	....
Je bois toujours de l'eau	....

6. *Qu'est-ce qu'on fait ? Qu'est-ce qu'on peut faire tous les jours, toutes les semaines, etc. ?*

A	B
tous les jours toutes les semaines tous les ans tous les étés toutes les nuits tous les hivers	faire du ski partir en vacances dormir envoyer ses vœux de bonne année faire des achats déjeuner aller à la mer

Exemple : « Chez moi, on peut faire du ski tous les hivers, de janvier à avril.
Je vais faire du ski tous les week-ends. Je pars une semaine aux sports d'hiver et je fais du ski tous les jours. »

7. *Ils donnent leur avis. Transformez selon le modèle en utilisant le verbe entre parenthèses.*

Pierre : « C'est beau » *(penser)* → *Pierre pense que c'est beau.*

M. et Mme Martin : « Broussac est un village calme » *(croire)* . . . . . .

Jacques et Martine : « Ce film est très mauvais » *(dire)* . . . . . .

Le professeur : « Il faut apprendre les conjugaisons » *(répéter)* . . . . . .

M. Fontaine : « Monsieur Dupuis est en vacances » *(penser)* . . . . . .

Agnès Darot : « C'est un meurtre ou un enlèvement » *(croire)* . . . . . .

8. *Imaginez ce qu'ils vont faire, ce que vous allez faire, etc.*

a) Vos voisins font beaucoup de bruit le soir. Qu'allez-vous faire ?

« Je vais . . . . . . »

b) Vous avez 3 jours de vacances. Qu'allez-vous faire avec votre ami(e) ?

« Nous . . . . . . »

c) Il gagne 5 000 F à la loterie. Que va-t-il faire ?

« Il . . . . . . »

d) Votre frère et votre belle-sœur s'installent chez vous avec leurs six enfants.

Qu'allez-vous faire ?

« Je . . . . . . »

e) M. et Mme Martin rentrent chez eux. Ils trouvent un voleur. Que vont-ils faire ?

« Ils . . . . . . »

❑ Orthographe ··

9. Mettez la ponctuation : , . ! ?

Bravo Félicitations C'est excellent
Est-ce que vous venez avec moi
J'attends mon dossier   moi
Non Monsieur le directeur n'est pas là
Demain   après le travail   que faites-vous

10. Complétez les mots avec « i », « ll », « ill », « y » (son [j]).

- La disparit......on de M. Dupuis est mystér......euse.
- Nous sommes en retard. C'est ennu......eux.
- Il y a trois fi......es dans cette fami......e.
- C'est cur......eux. Il ne trava......e pas aujourd'hui.
- Essa......ez cette robe ! Elle va bien avec la couleur de vos   ....eux.

11. Avec ces 7 lettres faites 4 formes de deux verbes.

O	V	S	A	T	I	N

- je ......, tu ......, il/elle ......, ils/elles ......
- j'......, tu ......, il/elle ......, ils/elles ......

12. Écrivez le verbe entre parenthèses à la forme qui convient.

« Vous devez *(téléphoner)* ? Alors *(appeler)* d'ici ! »
« *(Rester)* quelques jours ! Vous devez *(se reposer)*. »
« Chut ! Ne *(parler)* pas ! *(Écouter)* ! »
« Vous allez *(commencer)* votre enquête ? Alors *(interroger)* d'abord le frère de M. Dupuis. »
« En vacances, ne *(rester)* pas chez vous ! Il faut *(aller)* *(voyager)*. »

❑ Écrit ··

13. Reliez le titre de l'œuvre et le nom de l'auteur.
Connaissez-vous d'autres titres d'œuvres (romans, théâtre, cinéma)
contenant un nom de parenté ?

Le Père Goriot	Brecht
Les Trois Sœurs	Montherlant
Mère Courage	Beecher-Stowe
La Case de l'oncle Tom	Tchekhov
Fils de personne	Balzac

14. *Dans les descriptions ci-dessous, relevez toutes les parties du corps et les qualificatifs qui s'y appliquent.*

« (Le professeur Schultre) était un homme de quarante-cinq ou six ans, d'assez forte taille ; ses épaules carrées indiquaient une constitution robuste ; son front était chauve... Ses yeux étaient bleus... La bouche du professeur Schultre était grave, garnie d'une de ces doubles rangées de dents formidables... mais enfermées dans des lèvres minces... »

Jules Verne (1828-1905)
Les 500 Millions de la Bégum

« Le docteur Sarrasin... était un homme de cinquante ans, aux traits fins, aux yeux vifs et purs sous leurs lunettes d'acier, de physionomie à la fois grave et aimable... (il) était... rasé de frais et cravaté de blanc. »

Jules Verne
Les 500 Millions de la Bégum

« Une femme adorable entre... Brune, châtain, je ne sais. Jeune. Des yeux splendides où il y a de la langueur, du désespoir, de la finesse et de la cruauté. Mince, très sobrement vêtue, une robe de couleur foncée, des bas de soie noire. »

André Breton (1896-1966)
Nadja

« Giton a le teint frais, le visage plein et les joues pendantes, l'œil fixe et assuré, les épaules larges, l'estomac haut, la démarche ferme... »

« Phédon a les yeux creux, le teint échauffé, le corps sec et le visage maigre ; il dort peu et d'un sommeil fort léger : il est abstrait, rêveur, et il a avec de l'esprit l'air d'un stupide... »

La Bruyère (1645-1696)
Les Caractères

Exemple : Professeur Schultre
taille : forte
épaules : carrées
tête : chauve
etc.

15. *Le fils de M. et de Mme Martin est étudiant à Paris. M. et Mme Martin lui écrivent et lui donnent des conseils. Rédigez la lettre.*

Broussac, le...

Cher fils,
Je pense que...

Conseils

- travailler
- se lever tôt
- ne pas sortir le soir
- être prudent
- faire attention (santé - rencontres - etc.).

Paris, le ...

Chers parents,

16. *Imaginez la réponse du fils de M. et de Mme Martin.*

17. *Observez ce formulaire de fiche d'état civil et remplissez-le.*

| C.E.R.F.A. 10-0024. 64225 - 7195-74 | FICHE INDIVIDUELLE D'ETAT CIVIL |
| ORGANISME DESTINATAIRE | et de nationalité française[(1)] |

(Désignation et adresse)

dressée en application du décret du 26 septembre 1953 modifié par le décret du 22 mars 1972 (J.O. du 23 mars) et l'arrêté du 22 mars 1972 (J.O. du 23 mars 1972) modifié par l'arrêté du 15 mai 1974 (J.O. du 18 mai 1974).

Timbre imprimé ou cachet de l'organisme certificateur

NOTA. – A la demande de l'intéressé, il peut être établi soit une fiche séparée pour chaque membre de la famille (fiche individuelle), soit une fiche collective (fiche familiale). Pour valoir certificat de vie, de non-divorce ou de non-séparation de corps les mentions «non décédé», «non divorcé», «non séparé de corps devront, selon les cas, figurer expressément sur la fiche au regard des prénoms de la personne intéressée.

NOM [(2)] _____
(Nom de jeune fille pour les femmes mariées, veuves ou divorcées)

Prénom (s) _____
(Au complet dans l'ordre de l'état civil)

Né-née [(4)] le _____
(Le mois doit être inscrit en toutes lettres)

à _____
(Commune et département. Pour Paris et Lyon, indiquer l'arrondissement)

de _____
(Nom et prénoms du père (3)

et de _____
(Nom et prénoms de la mère (3)

Epoux-épouse, veuf-veuve ou divorcé-divorcée de (3) (4) _____
(Nom du conjoint ou de l'ex-conjoint) (2)

Certifié conforme : _____
à l'extrait de naissance n° _____ (4) ;
au livret de famille _____ (4) ;
à la carte nationale d'identité n° _____
délivrée le _____
par _____ (4) ;
Nom du préposé :

Je soussigné (nom et prénoms) _____

certifie sur l'honneur l'exactitude des déclarations portées sur la présente fiche.

A _____ , le _____
(Signature)

Cachet de l'organisme certificateur

En application de l'article 161 du code pénal, sera puni d'un emprisonnement de 6 mois à 2 ans et d'une amende de 600 à 6.000 F, ou de l'une de ces deux peines seulement, quiconque aura sciemment établi ou fait usage d'une attestation ou d'un certificat faisant état de faits matériellement inexacts ou qui aura falsifié ou modifié une attestation ou un certificat originairement sincère.

(1) La mention «et de nationalité française» doit être rayée lorsque la fiche n'est pas établie au vu de la carte nationale d'identité, en cours de validité, c'est-à-dire délivrée depuis moins de dix ans.
(2) En lettres capitales.
(3) Cette ligne ne doit être remplie que dans la mesure où les documents présentés le permettent et si l'intéressé ne s'y oppose pas.
(4) Rayer les mentions inutiles.

☐ *Oral* ●●

18. *Quel visage d'homme préférez-vous ? Quel visage de femme ? Discutez.*

Omar Sharif

Carole L

Paul Newman

Marilyn Monroe

19. *Faites le portrait de la femme ou de l'homme idéal.*

98

20. *Donnez-leur des conseils.*

Une jeune fille de 17 ans → Je vais me marier.

M. Dupuis → J'ai beaucoup de travail demain.

Un jeune homme amoureux → Elle ne m'écrit jamais. Elle ne téléphone jamais.

Une jeune fille de 14 ans → Je sors ce soir. Je vais rentrer à 10 h.

Un jeune couple → Nous cherchons un appartement à louer.

« Je pense que tu dois . . . . . . Je crois qu'il faut . . . . . . »

❑ *Compléments* •••••••••••••••••••••••••••••••••••

21. *Rébus.*

Une qualité

courage (cou - rat - ge)

Un pays

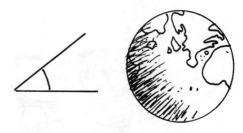

Angleterre (angle - terre)

99

22. Devinettes.

- Il y a deux filles et deux mères mais elles sont 3. Qui est-ce ?
- Marc est le beau-frère de Julie.
  Martine a une sœur. La sœur de Martine s'appelle Julie. La mère de Julie s'appelle Cécile.
  Comment s'appelle la femme de Marc et la fille de Martine ?

23. *Comprenez-vous l'humour de cette B.D. ?*

Brétécher : « Les Gnan Gnan » © Éd. GLENAT

24. *Dans ce poème d'Eluard, relevez les parties du corps qui se rapportent :*

— à la femme aimée ;
— à l'auteur.

Montrez que les deux personnes se confondent.

L'AMOUREUSE

Elle est debout sur mes paupières
Et ses cheveux sont dans les miens,
Elle a la forme de mes mains,
Elle a la couleur de mes yeux,
Elle s'engloutit dans mon ombre
Comme une pierre sur le ciel.

Elle a toujours les yeux ouverts
Et ne me laisse pas dormir.
Ses rêves en pleine lumière
Font s'évaporer les soleils,
Me font rire, pleurer et rire,
Parler sans avoir rien à dire.

Paul ELUARD *in* Mourir de ne pas mourir
© *Éditions GALLIMARD*

Leçon 3

☐ *Vocabulaire* ....

1. *Observez ce* curriculum vitae *et répondez.*

CURRICULUM VITAE

NOM : LAPIERRE Michèle née RICHAUD
Date de naissance : 03/01/1962 à Clermont-Ferrand
Situation de famille : mariée (05/06/85) sans enfant
Adresse : 7, rue de Soissons. LYON 69002

ÉTUDES ET DIPLÔMES

Baccalauréat (1980 - Clermont-Ferrand)
École Supérieure de Commerce de Lyon (septembre 81 / juin 84)
Diplôme de l'ESCL

LANGUES PARLÉES

Anglais (séjour en Grande-Bretagne : juillet/décembre 1984)
Espagnol

EXPÉRIENCE PROFESSIONNELLE

01/02/85 - 31/12/85 - service promotion Frantexport (textile)
01/01/86 - 28/05/88 - adjoint au chef des ventes de la société Rhône-Poulenc
01/06/88 - chef des ventes à Rhône-Poulenc

- Quand est née Michèle Lapierre ? . . . .
- Depuis quand est-elle mariée ? . . . .
- En quelle année a-t-elle passé son baccalauréat ? . . . .
- Pendant combien de temps a-t-elle étudié à l'École Supérieure de Commerce de Lyon ?. . . . . . .
- Combien de temps est-elle restée à Frantexport ? . . . .
- A quelle date est-elle entrée à Rhône-Poulenc ? . . . .
- Combien de temps a-t-elle séjourné en Angleterre ? . . . .
- Depuis combien de temps est-elle chef des ventes ? . . . .

2. *Complétez les phrases avec « avant-hier », « hier », « aujourd'hui »,*
« demain », « après-demain ».

. . . . . ., c'est le 9 mars. C'est le jour de mon anniversaire. J'ai 17 ans.

. . . . . ., le 7 mars, mon oncle est arrivé à la campagne. Il doit rester chez nous jusqu'à . . . . . .,

11 mars.

. . . . . ., 8 mars, mon oncle m'a dit : « Je vais te faire un cadeau. »

Je pense que je vais avoir ce cadeau . . . . . . ou . . . . . .

3. *Dans les listes suivantes, cherchez le mot intrus.*

a) mouton
bœuf
chèvre
lapin
poulet

b) ville
villa
village
banlieue
capitale

c) billet
cahier
stylo
livre
journal

d) château
maison
bouche
chemise
achat

a) poulet (a seulement 2 pattes)
b) villa (ce n'est pas une agglomération)
c) stylo (ce n'est pas en papier)
d) maison (ne contient pas le son ch)

□ *Grammaire* ••

4. *Racontez la scène suivante :*

a) **en commençant par « Hier à 6 heures, elle ...... »**
b) **en commençant par « Hier à 6 heures, vous ...... »**

« Six heures. Elle va se promener boulevard Saint-Michel. Elle passe devant une boutique de mode. Elle voit des robes d'été dans la vitrine. Elle entre. Elle essaie trois modèles différents. Elle choisit finalement une robe rouge. Elle garde la robe sur elle. Elle paie. Elle sort et elle va montrer son achat à son amie Pauline. »

5. *Répondez selon le modèle en utilisant le verbe entre parenthèses.*

Vous connaissez la Suisse ? *(aller)* → *Non, je ne suis pas allé dans ce pays.*

Vous connaissez le dernier film de Woody Allen ? *(voir)* — Non, ...

Vous connaissez l'hôtel Mercure à Lyon ? *(dormir)* — Non, ...

Vous connaissez l'allemand ? *(apprendre)* — Non, ...

Vous connaissez mon frère ? *(rencontrer)* — Non, ...

Vous connaissez la nouvelle Renault ? *(essayer)* — Non, ...

Vous connaissez le dernier livre de Marguerite Duras ? *(lire)* — Non, ...

6. *Racontez leur ascension du mont Blanc d'après leur carnet de route.*

1er juin	Départ à 6 h.
2 juin	Arrivée à Chamonix.
3/4 juin	2 jours à l'hôtel.
5 juin	Nous commençons l'ascension à 7 h.
	Arrivée au refuge à 17 h.
6 juin	Accident. Jacques tombe.
7 juin	Descente.
8 juin	Retour à Paris.

« Nous sommes partis le ...... »

7. *Mettez les verbes entre parenthèses à la forme qui convient.*

● Hier, au moment de partir travailler, Marie *(recevoir)* un coup de téléphone.
Elle *(partir)* au bureau en retard. Mais elle *(se dépêcher)* et elle *(réussir)* à arriver à l'heure.

● Dimanche dernier je *(se lever)* tard. Dans l'après-midi, je *(se promener)* au jardin du Luxembourg. Puis je *(s'asseoir)* sur un banc et je *(se reposer)*.

8. *Retrouvez la question.*

● . . . . . . ? — Nous sommes arrivés à Marseille le 16 mai.

● . . . . . . ? — Nous restons en France jusqu'à la fin du mois.

● . . . . . . ? — Nous sommes en France depuis le 8 mai.

● . . . . . . ? — Nous allons rester une semaine à Marseille.

● . . . . . . ? — Nous partons de l'aéroport de Nice le 30.

● . . . . . . ? — L'avion part à 14 h 30.

❏ *Orthographe* ••••••••••••••••••••••••••••••••••••

9. *Écrivez les participes passés à la forme qui convient.*

● Martine : — Hier, je suis *(aller)* au cinéma. J'ai *(voir)* un film policier.
Stéphane : — Et moi, je suis *(aller)* au concert. J'ai *(entendu)* l'orchestre de l'Opéra.

● Marie : — Dimanche dernier, avec Colette, nous sommes *(aller)* dans la forêt de Fontainebleau. Nous avons *(trouver)* des champignons. Nous sommes *(rester)* dans la forêt jusqu'à la nuit.
André : — Jacques et moi, nous sommes *(monter)* en haut de la tour Eiffel.
Marie : — Par l'escalier ?
André : — Non, par l'ascenseur. Mais nous sommes *(descendre)* par l'escalier.

10. *Écrivez les participes passés à la forme qui convient.*

Annie s'est *(lever)* à 8 h.
Jacques s'est *(réveiller)* à 10 h.
Annie et Valérie se sont *(promener)* dans le jardin.
Pendant les vacances, Nicole et André se sont *(reposer)* dans les Alpes.
Patrick et son frère se sont *(coucher)* tard, hier soir.
Claire et Juliette se sont *(rencontrer)* à l'université.

11. *Complétez le tableau avec des mots contenant le son* [ʒ].

j	g	ge
jardin	âge	nous mangeons
....	....	....

❏ Écrit ••

12. *Observez ces panneaux. Lisez le tableau qui suit. Dites si les phrases sont vraies ou fausses.*

> **ALBI**
> **MUSÉE TOULOUSE-LAUTREC**
>
> Ouvert du **2 mai** au **31 octobre**
> de **9 h à 19 h.**
> *Fermé le dimanche.*

> ## VISITE DU CHÂTEAU DE VERSAILLES
>
> ● **Grands appartements. Galerie des Glaces**
> Visite libre tous les jours de 10 h à 17 h.
>
> ● **Musée**
> Visite tous les jours sauf le mardi de 14 h à 17 h.
>
> ● **Trianon**
> Visite libre de 14 h à 17 h 30, tous les jours
> sauf mardi.
> Visites guidées de 10 h à 12 h.

	vrai	faux
Le musée Toulouse-Lautrec à Albi est ouvert en mars	....	....
On ne peut pas visiter ce musée le dimanche	....	....
Il est ouvert jusqu'à 6 h de l'après-midi	....	....
On peut visiter le musée du château de Versailles tous les après-midi	....	....
On peut faire une visite guidée du Trianon le mardi après-midi	....	....
Les grands appartements sont ouverts toute l'année	....	....

13. *Rédigez votre* curriculum vitae *sur le modèle de celui de l'exercice 2.*

14. *Voici le script d'une scène de cinéma. Racontez l'histoire en commençant par : « Le 24 juillet à 11 h du matin... ».*
Imaginez la suite de l'histoire.

PEUR DANS LA VILLE

Plan 1

- L'homme arrive devant la porte d'un immeuble.
- Il lève la tête vers une fenêtre du 2e étage.
- Il essaie d'ouvrir la porte.
- Il sonne.
- La porte s'ouvre. L'homme entre.

Plan 2

- L'homme passe devant la porte de l'ascenseur.
- Il prend l'escalier et monte très vite.
- Il s'arrête devant la porte du premier étage.
- Il écoute. Il entend le bruit de la télévision.
- Il continue à monter.
- Il arrive au deuxième étage.

Plan 3

- L'homme colle son oreille contre la porte.
- Il sort de sa poche un revolver de gros calibre.
- ....

« Le 24 juillet, à 11 h du matin,
un homme est arrivé ...... »

15. *Lisez les titres de presse ci-dessous. Rédigez un sous-titre pour chacun d'eux.*

Exemple : VIVE LES VACANCES.
        Hier, un million de Français ont pris la route des vacances.

Vive les vacances

Collision bus-Cyclo: une lycéenne blessée

Baccalauréat
Les résultats

VOLLEY
La France a balayé la Pologne

Forum Ville Active
Deux immeubles inaugurés

Extraits Midi Libre.

❏ *Oral* ··

16. *Présentez le système scolaire en France. Comparez avec celui de votre pays.*

Enseignement	Type d'école	Nombre d'années	Âge	Examens
pré-scolaire	école maternelle	non obligatoire	2 à 6 ans	
primaire	école primaire	5	6 à 11 ans	
secondaire	collège	4	12 à 15 ans	→ Brevet des collèges
	lycée	3	15 à 18 ans	Baccalauréat

17. *Commentez ces dessins. Imaginez ce qui s'est passé et racontez. Imaginez un titre de presse pour chaque dessin.*

18. *Racontez (en utilisant le passé composé) :*

a) l'histoire : Un printemps à Paris.

« Le lundi 4 mai, Nicolas Legrand a eu un accident . . . . . . »

b) l'histoire : Aventures en Bourgogne.

« M. et Mme Martin ont acheté une maison... ».

Vous pouvez transformer ces histoires selon vos goûts.

Exemple : « Le vendredi 6 juin, Nicolas est arrivé à l'heure au rendez-vous avec Sylvie. Ils ont vu la pièce. Puis... »

Compléments •

19. *Le roi Henri II a offert le château de Chenonceaux à une femme célèbre, en 1547. Pour trouver le nom de cette femme, remplissez les cases avec les participes passés des verbes ci-dessous, puis lisez verticalement.*

1. devoir
2. finir
3. apprendre
4. connaître
5. avoir
6. dire
7. venir
8. pouvoir
9. sortir
10. asseoir
11. faire
12. mettre
13. ouvrir
14. croire
15. savoir

20. *Voici quelques phrases de l'humoriste Francis Blanche.*

« Je crois que si j'ai passé mon bac très jeune, ça a été pour me débarrasser de mes profs. »
« Ma première qualité : je me reconnais beaucoup de défauts.
Mon principal défaut : je me trouve beaucoup de qualités. »
« Chaque fois que je vois une bonne action, je cherche ce qu'elle cache. »
« Pour être le premier, il n'est pas nécessaire d'être plusieurs. »

21. *Lisez ce poème de Jacques Prévert.*

a) **Mimez la scène.**
b) **Réécrivez le texte au présent.**
c) **Imaginez ce qui s'est passé avant, ce qui va se passer après.**

DÉJEUNER DU MATIN

Il a mis le café
Dans la tasse
Il a mis le lait
Dans la tasse de café
Il a mis le sucre
Dans le café au lait
Avec la petite cuiller
Il a tourné
Il a bu le café au lait
Et il a reposé la tasse
Sans me parler
Il a allumé
Une cigarette
Il a fait des ronds
Avec la fumée
Il a mis les cendres
Dans le cendrier
Sans me parler
Sans me regarder
Il s'est levé
Il a mis
Son chapeau sur sa tête
Il a mis
Son manteau de pluie
Parce qu'il pleuvait
Et il est parti
Sous la pluie
Sans une parole
Sans me regarder
Et moi j'ai pris
Ma tête dans ma main
Et j'ai pleuré.

Jacques PRÉVERT in Paroles
© *Éditions GALLIMARD*

Leçon 4

❑ *Vocabulaire* ••

1. *Énumérez toutes les activités que peuvent faire les enfants et les adultes au bord de la mer. Fabriquez une page publicitaire pour une station balnéaire que vous connaissez.*

> PERROS-GUIREC
> ● plage
> ● ski nautique
> ● promenades en mer
> ● pêche
> ● promenade sur les falaises et visite du phare de Squewel

2. *Caractérisez les moyens de transport par des adjectifs.*

le train	agréable
l'avion	fatigant
le bateau	rapide
le car	amusant
l'autobus	cher
le taxi	intéressant
le métro	dangereux
la moto	pratique

3. *Expliquez ces panneaux.*

HOTEL COMPLET

6 studios à louer

PARKING COMPLET

✳	*ATTACHEZ VOS CEINTURES*
✳	*ETEIGNEZ VOTRE CIGARETTE*

Compartiment n° 34

1	Paris - Bordeaux	4	NON RESERVEE
2	Paris - Bayonne	5	NON RESERVEE
3	Poitiers - Bayonne	6	NON RESERVEE

☐ *Grammaire* ••••••••••••••••••••••••••••••••••••••

4. *Mettez les verbes entre parenthèses à l'imparfait.*

- Quand j'*(habiter)* Trégastel, j'*(aller)* souvent voir Mme Dupuis-Moreau.
  J'*(aimer)* bien cette romancière. Elle *(raconter)* toujours des histoires extraordinaires.
- Il *(être)* toujours en retard, mais il *(se débrouiller)* toujours pour finir son travail à l'heure.
- Que *(faire)* -vous quand vous *(être)* célibataire ?
- Nous *(détester)* aller faire des achats avec elle. Elle *(essayer)* toutes les robes et toutes les chaussures.

5. *Réécrivez ce texte au passé.*

Depuis 3 ans j'habite au Cap d'Ail, près de Nice. J'écris. Je me promène. J'ai beaucoup d'amis dans le village : des artistes, des écrivains. Nous bavardons, nous dînons quelquefois ensemble. Un jour, chez un ami peintre, je rencontre une jeune femme d'une très grande beauté. C'est une journaliste italienne. Elle s'appelle Angela... Je me présente. Elle connaît mon nom. Nous parlons de l'Italie...

Le lendemain, j'invite Angela pour une promenade en voiture dans l'arrière-pays. Nous découvrons de charmants petits villages. Angela prend des photos et interroge les habitants. Le soir, nous rentrons par le bord de mer...

6. *Imaginez et racontez une histoire d'après les indications du tableau.*

Le décor — Le cadre		Les actions
Ville calme — rues désertes. Il est 3 heures du matin.	→	Arrivée d'une voiture. Elle s'arrête sur la place. ↓
Il porte un blouson de cuir noir et une casquette.	←	Un homme descend de la voiture. Il sort des clés de sa poche. Il entre dans une bijouterie. On entend une sonnerie d'alarme. L'homme court vers la voiture. La voiture disparaît.

7. *Complétez en utilisant « encore » ou « (ne) plus ».*

- « Est-ce qu'il y a . . . . . . une place sur le vol Paris-Athènes ?

  — Non, il n'y a . . . . . . place aujourd'hui.

  — Alors, je dois rester . . . . . . une nuit à Paris. »
- « Vous avez . . . . . . un peu de temps ?

  — Non, excusez-moi, j'ai un rendez-vous dans un quart d'heure. Je dois partir. »
- « Vous voulez . . . . . . un peu d'eau ?

  — Non, merci, je . . . . . . ai . . . . . . soif. »
- J'ai bientôt fini mon courrier. Il me reste . . . . . . deux lettres à faire.

8. *Complétez en utilisant « commencer (à) » « continuer (à) », « s'arrêter (de) », « finir (de) ».*

● Agnès Darot ...... enquêter sur l'affaire Dupuis, le 6 avril. Elle a vu Patrick Ferrand à Chenonceaux. Puis du 7 au 10 avril elle ...... interroger les autres membres de la famille Dupuis. Mais le mystère est encore complet. Elle ne peut pas ...... rechercher le coupable.

● Quand nous ...... dîner, nous prenons un café et nous regardons la télévision.

● Les secrétaires de M. Dupuis ...... travailler à 9 h le matin et ...... à 17 h. Elles ...... travailler à 13 h pour déjeuner.

❏ *Orthographe* ···································

9. *Mettez les verbes entre parenthèses à la forme qui convient.*

L'hôtesse *(saluer)* les passagers de l'avion.
Ils *(louer)* cette villa tous les étés.
En septembre, les chasseurs *(tuer)* beaucoup de lapins.
Ils *(jouer)* aux cartes tous les soirs.

10. *Mettez les verbes à l'imparfait.*

Nous *(aller)* souvent au théâtre.
Nous *(payer)* toujours en liquide.
Nous *(balayer)* tous les jours l'escalier.

Vous *(prendre)* souvent le train.
Vous *(boire)* toujours de l'eau.
Vous *(lire)* tous les soirs jusqu'à minuit.

11. *Mettez les verbes au passé composé.*

Elles *(rester)* jusqu'à 8 heures.
Jacqueline *(monter)* au sixième étage.
Elles *(naître)* le même jour.
Ils *(s'arrêter)* à l'entrée du parc.

Elles *(s'asseoir)* sur le tapis.
Ils *(vendre)* leur maison.
Elle *(se regarder)* dans la glace.
Elles *(essayer)* des robes d'été.

12. *Relevez quelques mots contenant la lettre h.*

« h » première lettre d'un mot : ne se prononce pas	« h » à l'intérieur d'un mot : ne se prononce pas	c + h = [ʃ]	p + h = [f]
un hôpital	un cahier	un château	un paragraphe
....	....	....	....

NB : Les haricots → on ne fait pas la liaison. Le h est dit « aspiré ».

13. Relevez des mots qui ont la même orthographe au singulier et au pluriel.

- Finale **s** : un mois / des mois.
- Finale **x** : un enfant heureux / des enfants heureux.
- Finale **z** : un nez / des nez.

☐ *Écrit* ••

14. Agnès Darot écrit à son mari et raconte son enquête. Rédigez la lettre.

Mon cher Denis,

Mon enquête sur l'affaire Dupuis n'avance pas beaucoup.
Le 6 j'étais à Chenonceaux. J'ai rencontré...

15. Lisez ce fait divers et répondez.

Nicolas C., 8 ans, jouait au bord de l'eau avec un matelas pneumatique sous l'œil attentif de sa mère et de son père, gardien de la paix dans la région parisienne. Le couple et ses deux enfants étaient en vacances depuis quatre jours à Frontignan.

Brusquement, « l'embarcation » du garçonnet dériva puis fut happée par les rouleaux des vagues qui déferlaient sur le bord. Immédiatement le père, Christian C., 37 ans, plongea au secours de son fils. Lorsque les deux corps furent repêchés par les hommes du poste de secours, ils étaient déjà à dix mètres des épis de protection.

Midi-Libre (06.05.88)

Où se passe la scène ? . . . .
De quel type d'accident s'agit-il ? . . . .
Combien y a-t-il eu de morts ? . . . .
Que faisait Nicolas avant l'accident ? . . . .
Est-ce que la mer était calme ? . . . .
Repérez les détails du déroulement de l'accident. . . . .

16. Imaginez la rencontre entre Madame Dupuis-Moreau et Nicolas Legrand.

- **a) Décrivez le lieu de la rencontre.**
- **b) Faites le portrait des personnages.**
- **c) Imaginez leur dialogue.**

17. Roland Brunot remplit son constat d'accident (voir p. 8 du livre).

Circonstances de l'accident.
C'était le 4 mai à . . . .
J'étais sur l'avenue . . . .

18. *Observez cette publicité. Quel produit organise le jeu ?*
Que peut-on gagner ? Comment peut-on jouer ?

❏ *Oral* ••

19. *Vous avez fait l'excursion Deauville Normandie avec l'organisation « Bonnes Vacances ». Racontez votre voyage.*

« Nous sommes partis le ...... de ...... »

Bonnes Vacances DN

7 JOURS
Circuit
en PENSION COMPLETE
sauf le 3e jour
en demi-pension

Deauville

Le Mont Saint Michel

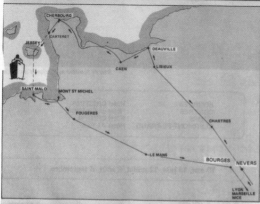

Deauville Normandie

1er jour :
NICE - MARSEILLE
SAINT-VALLIER - NEVERS

Départ de **NICE** à 6h, via TOULON (8h), de **MARSEILLE** à 9h, d'**AIX** à 9h30. AVIGNON, ORANGE, BOLLENE par l'autoroute de la Vallée du Rhône. Etape du déjeuner à SAINT-VALLIER. Continuation par LYON et l'autoroute A6 jusqu'à CHALON-SUR-SAONE. Par AUTUN arrivée à **NEVERS** en fin d'après-midi. Installation à l'hôtel. Dîner et logement.

2e jour :
NEVERS - CHARTRES
LISIEUX - DEAUVILLE

Petit déjeuner. Par la Vallée de la Loire, départ pour ORLEANS et CHARTRES, capitale de la Beauce : sous la conduite d'un guide officiel, visite de la Cathédrale, chef-d'œuvre des XIIe et XIIIe siècles. Déjeuner. Continuation par VERNEUIL et CONCHES pour **LISIEUX**. Temps libre pour permettre à ceux qui le désirent de rendre hommage à **Sainte-Thérèse**. Départ pour HONFLEUR située à l'embouchure de la Seine, arrêt au Vieux Bassin, puis TROUVILLE et **DEAUVILLE**, la célèbre station balnéaire de la Normandie. Dîner et logement.

3e jour :
DEAUVILLE

Journée libre en demi-pension (le déjeuner n'est pas compris) permettant de goûter à l'ambiance de la plage, d'effectuer la promenade sur les ''Planches'' et d'admirer l'ordonnance des jardins et des villas résidentielles. Dîner et logement à l'Hôtel.

4e jour :
DEAUVILLE
Le circuit du Débarquement
CHERBOURG

Départ pour suivre les bords de la Manche... HOULGATE, CABOURG, MERCEVILLE, FRANCEVILLE, l'embouchure de l'Orne pour arriver à **CAEN**. Visite guidée de cette ville durant 2 heures : le Château, l'Eglise St-Pierre, l'Abbaye... Puis déjeuner. L'après-midi nous parcourons le circuit des plages du débarquement via LUC-SUR-MER, ARROMANCHES, COLLEVILLE-SUR-MER. La pointe du Hoc, GRANDCAMP, Ste MERE-L'EGLISE

Honfleur

(divers arrêts seront effectués pour juger de la dureté des combats et de ces journées historiques où se décida le sort de la dernière guerre). Nous sommes dans la presqu'île du Cotentin dont nous rejoignons l'extrémité pour faire étape à **CHERBOURG**. Dîner et logement.

5e jour :
CHERBOURG
Excursion à Jersey
SAINT-MALO

Après le petit déjeuner nous nous rendons à CARTERET où nous embarquons sur un ferry à destination de **Jersey**. La traversée dure environ 30 mn. Nous débarquons dans ce port franc (paradis fiscal et commercial), jardin de la mer selon Victor Hugo, où nous découvrirons la douceur de vivre par un tour de l'île commenté en autocar. Après le déjeuner à **SAINT HELIER** et un shopping à l'anglaise nous reprenons le ferry pour une traversée d'une heure trente environ à destination de **SAINT-MALO**. Installation à l'hôtel puis dîner, logement.

6e jour :
SAINT-MALO
LE MONT SAINT-MICHEL
BOURGES

Départ à 9h après une promenade sur les remparts pour arriver à 10h au merveilleux **MONT SAINT-MICHEL**. Visite de l'Abbaye puis promenade dans cet univers monumental et déjeuner. L'après-midi continuation par FOUGERES, LE MANS, VENDÔME, BLOIS pour **BOURGES** où nous arrivons vers 20h. Dîner et logement.

7e jour :
BOURGES - SAINT-VALLIER
MARSEILLE - NICE

Après le petit déjeuner nous quittons **BOURGES** pour MOULINS, ROANNE, LYON. Nous prenons l'autoroute de la Vallée du Rhône et déjeunons à **SAINT-VALLIER**. L'après-midi nous repartons en direction de **MARSEILLE** via Aix-en-Provence puis **NICE** où nous arrivons en fin de soirée.

Les hôtels

NEVERS	: Hôtel PLM Loire
DEAUVILLE	: Hôtel ALTEA
CHERBOURG	: Hôtel MERCURE
SAINT-MALO	: Hôtel IBIS
BOURGES	: Hôtel CRISTINA

Les dates de départ

13 juin, 4 juillet, 15 août, 5 septembre

Les prix

Durée : 7 JOURS AUTOCAR à air conditionné	PRIX	supplément chambre individuelle	garantie obligatoire assistance annulation
De Marseille, d'Aix ou de Toulon	4.650	800	70
De Nice, de Cannes ou de Menton	4.850	800	70
De Lyon à Lyon	4.250	800	70

Chambres avec salle de bains ou douche dans tous les hôtels.
Formalités : Carte Nationale d'Identité émise depuis moins de 10 ans.

20. *Deauville au début du siècle. Comment était-ce ? Qu'est-ce qui a changé ?*

21. *Racontez. (Donnez une date pour chaque image et décrivez-la.)*

SEMPE

© C. Charillon - Paris

« 1. C'était en 1880, le grand-père du grand-père de M. Dupont ...... ».

❑ *Compléments* ······················

22. *Voici les premières lignes de quatre romans célèbres de la littérature française :*

Du côté de chez Swann (M. Proust).
Madame Bovary (G. Flaubert).
L'Étranger (A. Camus).
Le Père Goriot (H. de Balzac).

Pouvez-vous les identifier ?

● Aujourd'hui, maman est morte. Ou peut-être hier, je ne sais pas. J'ai reçu un télégramme de l'asile : « Mère décédée. Enterrement demain ». Cela ne veut rien dire. C'était peut-être hier.
● Longtemps je me suis couché de bonne heure.
● Nous étions à l'Étude, quand le Proviseur entra, suivi d'un nouveau habillé en bourgeois.
● Madame Vauquer, née de Conflans, est une vieille femme qui, depuis quarante ans, tient à Paris une pension bourgeoise établie rue Neuve-Sainte Geneviève, entre le Quartier latin et le Faubourg Saint-Marceau.

23. *Expliquez ce poème d'Eluard.*

Pendant la guerre le poète est prisonnier dans une maison avec une femme. Montrez la rupture entre les participes passés pessimistes (gardés, enfermés, etc.) et le dernier mot optimiste (aimés).
* maté : dompté, vaincu.

COUVRE-FEU

Que voulez-vous la porte était gardée
Que voulez-vous nous étions enfermés
Que voulez-vous la rue était barrée
Que voulez-vous la ville était matée
Que voulez-vous elle était affamée
Que voulez-vous nous étions désarmés
Que voulez-vous la nuit était tombée
Que voulez-vous nous nous sommes aimés.

Paul ELUARD, Au rendez-vous allemand
© *Éditions de Minuit*

Leçon 5

❑ *Vocabulaire* ....

1. *Où a-t-il mal ?*

« Il a mal à ...... »

2. *Complétez avec le vocabulaire « le corps, la santé, la maladie » (p. 139 du livre).*

● Elle a mal aux dents. Elle doit aller chez le ......

● Sur ......, le médecin fait la liste des ...... à prendre.

● Il a eu une maladie très ...... Il est resté deux mois à l'hôpital. Maintenant, il va bien. Il est
......

● Il réparait le toit de sa maison. Il est tombé. Il ...... une jambe et ...... à la tête.

3. *Pour rapporter les paroles de quelqu'un, on peut utiliser les verbes : dire / demander / répondre / répéter / affirmer / nier / crier / traduire.*
Trouvez le verbe qui peut correspondre à chacune des phrases suivantes.

« Comment ça va ? » ...... *demander.*

« Pour la troisième fois, Sébastien, range ta chambre ! » ......

« Je suis sûr que c'est lui, le coupable » ......

« Eh ! Jacques ! Viens ici ! » ......

« C'est un étranger. Il vous demande le chemin de la gare » ......

« Non, merci, je n'ai plus faim » ......

« Je vais partir dans 5 minutes » ......

« Non ! Je n'étais pas à Lyon le 1er avril ! » ......

❏ *Grammaire* ··

4. *Rapportez le dialogue suivant :*

Sophie :   Je vous remercie. Je ne suis pas libre.
Julien :   Vous ne pouvez pas venir ou vous ne voulez pas venir ?
Sophie :   Je ne peux pas venir. Je regrette.
Julien :   Où passez-vous le week-end ? Vous partez avec des amis ?
Sophie :   Non, je reste à Paris. Je reçois de la famille.

« Sophie remercie Julien. Elle dit qu'elle . . . . . . ».

5. *Remplacez les mots soulignés par un pronom.*

C'est l'anniversaire de Marie. Jacques offre une bague <u>à Marie</u>.

Michel habite loin de ses parents mais il téléphone <u>à ses parents</u> une fois par semaine.

Sylvie reçoit une lettre de Roland. Elle répond <u>à Roland</u>.

Nicole a rencontré Béatrice. Elle a raconté son voyage <u>à Béatrice</u>.

André est allé chez Pierre. Il a demandé de l'argent <u>à Pierre</u>.

Nous voulons inviter tous nos amis à notre mariage. Nous avons envoyé une invitation <u>à tous nos amis</u>.

6. *Remplacez les mots soulignés par un pronom.*

Agnès Darot ne parle pas l'anglais. Elle n'a pas appris <u>l'anglais</u> au collège. L'interprète écoute les réponses de Jane Britten et traduit <u>ses réponses</u> à Agnès. Qui est le coupable ? Agnès ne connaît pas encore <u>le coupable</u>. C'est une enquête difficile. Agnès doit continuer <u>l'enquête</u> jusqu'à la fin. Elle doit aller voir Élisabeth Dupuis à Londres et Alain Ferrand à Tours. Elle doit interroger <u>Élisabeth et Alain</u>.

7. *Imaginez les questions.*

- • .... ?   — Non, je ne les ai pas lus.
- • .... ?   — Oui, je la connais très bien.
- • .... ?   — Non, je ne le rencontre jamais.
- • .... ?   — Non, je ne lui ai pas téléphoné.
- • .... ?   — Oui, je leur ai fait un cadeau.

8. *Imaginez les questions.*

- • .... ?   — Parce que M. Dupuis a disparu.
- • .... ?   — Parce qu'Agnès Darot ne comprend pas l'anglais.
- • .... ?   — Parce que M. Dupuis avait besoin de vacances.
- • .... ?   — Parce que M. Dupuis n'est plus fatigué.
- • .... ?   — Parce qu'il veut faire une surprise à ses employés.

9. *Répondez en exprimant la cause (parce que...). Revoir l'histoire « Aventures en Bourgogne ».*

Pourquoi M. et Mme Martin sont-ils partis d'Orly ?
Pourquoi ont-ils acheté la maison de Broussac ?
Pourquoi la serpe et le chaudron ont-ils disparu ?
Pourquoi y a-t-il du bruit, la nuit à Broussac ?
Pourquoi les jeunes de Broussac se déguisent-ils ?

10. *Répondez en exprimant le but (pour...). Revoir l'histoire « L'enquête de l'inspecteur Darot ».*

Pourquoi M. Dupuis écrit-il à ses amis Rigaud ?
Pourquoi Nicole Barbier téléphone-t-elle partout le 1er avril ?
Pourquoi Agnès Darot va-t-elle à Chenonceaux ?
Pourquoi Agnès Darot a-t-elle pris une interprète à Londres ?
Pourquoi M. Dupuis est-il allé dans les Pyrénées ?

11. *Répondez négativement.*

Vous avez lu ces livres ? — *Non, je ne les ai pas lus.*

Elle a vu le dernier film de Jean-Paul Belmondo ? — Non, ...

Tu as écrit à tes parents ? — Non, ...

Vous avez acheté cette maison ? — Non, ...

Il a écouté les disques de Nicolas Legrand ? — Non, ...

Tu as retrouvé tes papiers ? — Non, ...

Elle a parlé à Pierre ? — Non, ...

☐ *Orthographe* •

12. *Marquez la liaison et barrez la voyelle non prononcée comme dans l'exemple.*

Exemple : Elle est partie.

Elle attend avec une amie.
Cette actrice a joué une pièce de Molière au théâtre.
Michèle a envoyé une lettre à son frère avec un cadeau.
Une infirmière a donné les premiers soins.
Il a appelé une ambulance.

13. *Accordez l'adjectif.*

Brigitte est *(guéri)*. Elle n'est plus *(malade)*.
Elle a été *(fatigué)* pendant un mois. Ses amies étaient *(inquiet)*.
Ses deux fils sont souvent *(malade)*. Ils sont toujours *(absent)* à l'école.
Elles passent leur baccalauréat demain. Elles sont *(nerveux)*.
Ces cigarettes sont très *(fort)*. Je ne les aime pas.

14. *Complétez avec « leur » ou « leurs ».*

Les deux frères n'ont pas écrit à ...... mère.

Brigitte et Vincent sont allés voir ...... parents. Ils ...... ont parlé de ...... vacances.

Mademoiselle, Monsieur Fontaine et M. Berthier demandent ...... dossiers. Est-ce que vous

les ...... avez envoyés ? Non ? Eh bien téléphonez ...... et excusez-nous !

15. *Recherchez des mots contenant le son* [ɛ̃] *ou le son* [wɛ̃] *et classez-les dans le tableau.*

[ɛ̃]			[wɛ̃]
in (...)	ain (...)	ein (...)	oin (...)
le vin	demain	la ceinture	moins
....	....	....	....
....	....	....	....
....	....	....	....

☐ *Écrit* ••

16. *Lisez ce fait divers tragique et répondez.*

ABANDONNÉE
DANS LES TOILETTES

Une fillette de trois ans a été découverte abandonnée dans des toilettes publiques à Monaco, par une passante qui l'avait entendue pleurer. Elle était recroquevillée sur le sol, sous la pluie. « Elle était affamée, elle a d'abord englouti des dragées, disant seulement "encore", puis tout un paquet de biscuits », raconte un témoin. « Nous lui avons demandé son nom, d'où elle venait, où étaient ses parents. Tout ce qu'elle disait, c'était "voiture, voiture" »... Après 24 heures, elle a fini par prononcer son prénom.

(Libération 27/04/88)

● Qui a découvert la fillette ?
● Où l'a-t-on trouvée ?
● Quels sont les mots qu'elle a prononcés ?

17. *Lisez le document ci-dessous.*

FAITES-VOUS VACCINER		
FIEVRE JAUNE	• *une injection* • *efficace au bout de 10 jours* • *valable 10 ans*	• *fortement recommandé partout où le virus est actif, quelle que soit la durée du déplacement ;* • *exigé dans quelques pays d'Afrique noire et d'Amérique du Sud.*
CHOLÉRA	• *1 ou 2 injections* • *efficace au bout de 6 jours* • *valable 6 mois*	• *n'est plus recommandé par l'OMS depuis 1974 ;* • *encore exigé dans certains pays d'Afrique noire et d'Asie.*
POLIOMYÉLITE	• *3 fois à un mois d'intervalle* • *rappel l'année suivante, puis tous les 5 ans*	• *recommandé ;* • *maladie fréquente dans les pays tropicaux.*
TÉTANOS	• *2 injections à 1 mois d'intervalle chez l'adulte, 3 chez l'enfant* • *valable 5 ans*	• *recommandé ;* • *maladie fréquente sous les tropiques.*
HÉPATITE B	• *3 injections à 1 mois d'intervalle* • *rappel au bout d'un an* • *peut être associé aux vaccins contre le tétanos et la polio*	• *utile avant un séjour en Afrique noire ou en Extrême-Orient.*

© *Modes et Travaux*

Vous êtes médecin. Que dites-vous à quelqu'un qui va faire un voyage :
— dans la jungle amazonienne ;
— dans la forêt tropicale africaine ;
— sur un fleuve d'Extrême-Orient.

18. *Rédigez des ordonnances (fantaisistes) pour soigner les maladies suivantes :*

● un fort mal de tête pour cause de fréquentes disputes avec votre mari/votre femme ;
● une indigestion de grammaire française ;
● une douleur aux oreilles à la suite d'un concert de rock de 6 heures.

☐ *Oral* ●●●●●●●●●●●●●●●●●●●●●●●●●●●●●●●●●●●●●●

19. *Vous devez partir demain en vacances avec des amis. L'un de ces amis vous envoie le télégramme suivant... Téléphonez-lui.*

> — IMPOSSIBLE VENIR DEMAIN — ACCIDENT —
> BRAS CASSÉ — SUIS A L'HÔPITAL DE TOURS —
> — DIDIER —

20. *Imaginez des causes et des buts pour les événements suivants.*

● Il s'est couché à 3 heures du matin...   parce que...

● Il achète une nouvelle voiture...

● Elle divorce...

● 500 policiers dans le village de Broussac...   pour...

● Gérard Dupuis invite 200 personnes...

21. *Pour jouer. Pour raconter.*

● **Imaginez :**
a) Qui est le gagnant (âge, profession, etc.) ;
b) les circonstances du concours (lieu, date...)

● **Rédigez l'article de presse.**

Le jury délibère pour attribuer
un prix au meilleur déguisement.

● **Imaginez** l'identité des participants : nom — âge — profession — adresse, etc. ; leur emploi du temps de la journée de Mardi-Gras ; leurs activités avant et après la date de la fête.
● **Jouez** les scènes de délibération.
● **Rédigez** la description de chaque déguisement.
● **Discutez** : qui est votre gagnant ?

☐ *Compléments* ••

22. *Histoires drôles.*

● « — Docteur, je ne comprends pas. Chaque fois que je bois une tasse de café, j'ai une douleur à l'œil droit !
— Ce n'est pas grave. Enlevez seulement la cuillère... »

● « — Docteur, je viens vous voir parce que j'ai des troubles de mémoire.
— Ah bon, vous avez des troubles de mémoire ?
— Qui ça ? Moi, j'ai des troubles de mémoire ? »

● Une femme entre chez le pharmacien :
« — Je voudrais un litre d'arsenic.
— C'est pour quoi faire ?
— C'est pour mon mari.
— Vous avez une ordonnance ?
— Non, mais je peux vous montrer sa photo. »

23. *Comment détruire un grand amour en trois coups.*

Coup n° 1
VOUS : « Tu m'aimes ? »
L'AUTRE : « Oui, bien sûr que je t'aime. »

Coup n° 2
VOUS : « Mais est-ce que tu m'aimes vraiment ? »
L'AUTRE : « Oui, je t'aime vraiment. »
VOUS : « Tu m'aimes vraiment vraiment ? »
L'AUTRE : « Oui, je t'aime vraiment vraiment. »
VOUS : « Tu es sûr que tu m'aimes ? Tu en es vraiment sûr ? »
L'AUTRE : « Oui, j'en suis parfaitement sûr. »
(Silence.)
VOUS : « Mais sais-tu ce qu'aimer veut dire ? »
(Silence.)
L'AUTRE : « Heu... Je ne sais pas. »
VOUS : « Alors, comment peux-tu être sûr de m'aimer ? »

(Silence.)
L'AUTRE : « C'est vrai... Peut-être que je ne peux pas. »

Coup n° 3
VOUS : « Tu ne peux pas, hein ? Bon, alors, si tu n'es même pas capable d'être sûr de m'aimer, je ne vois vraiment pas quel est l'intérêt de rester ensemble. Et toi ? »
(Silence.)
L'AUTRE : « Je ne sais pas. Peut-être aucun. »
(Silence.)
VOUS : « Tu préparais ça depuis un bon moment, non ? »

Dan GREENBURG *Le Manuel du parfait petit masochiste*
© Éditions du Seuil

124

Leçon 1

□ *Vocabulaire* ·····································

1. *Complétez avec le vocabulaire de l'agriculture* **(p. 154 du livre).**

C'est un riche agriculteur. Sa . . . . . . fait cent hectares. Il . . . . . . du blé et du maïs. Il . . . . . .
aussi un peu de vin. Mais ce n'est pas du très bon vin. Il a un important . . . . . . de . . . . . . qui
donnent un lait excellent. Son jardin produit des . . . . . . : des salades, des tomates, des
haricots, etc. A la ferme, sa femme . . . . . . de la volaille.

2. *Complétez le tableau.*

L'homme (noms)	L'action (verbes)	Le résultat (noms)
un cultivateur		une culture
un éleveur		un élevage
	produire	
un constructeur		
	acheter	
un vendeur		
un voleur		

3. *Complétez avec le vocabulaire de la ville* **(p. 155 du livre).**

Pour emprunter de l'argent, il faut aller à . . . . . .

On achète des cigarettes au . . . . . .

On demande un visa au . . . . . .

On emprunte des livres à . . . . . .

On achète des timbres à . . . . . .

On peut pratiquer des sports au . . . . . .

On achète des médicaments à . . . . . .

On remplit les fiches d'état civil à . . . . . .

4. *Localisez ces pays.*

L'Espagne est au sud-ouest de la France.

L'Italie . . . . . . de la France.

La Suisse . . . . . . de l'Italie.

La Belgique . . . . . . de la Hollande.

L'Allemagne . . . . . . de la France.

5. Les mots « café », « terre », « bois » peuvent avoir des sens différents. Comment se traduisent-ils dans votre langue ?

Elle a bu un *café*.
Elle est assise au *café*.
La *terre* est ronde.
Les *terres* de Mme Morin ne produisent pas assez.
Dans ce jardin, il y a de la bonne *terre*.
Il s'est battu. Il a reçu un coup de poing. Il est tombé à *terre*.
A côté de la ferme de Mme Morin, il y a un *bois* de pins.
Cette table est en *bois*.

6. Faites le plan de la propriété. Dessinez suivant les instructions.

Dessinez un grand champ carré de 10 cm sur 10 cm.
Au milieu du champ, dessinez une maison *(1,5 cm × 1,5 cm)*.
Derrière la maison, dessinez un étang rond de 1,5 cm de diamètre.
Autour de l'étang dessinez des arbres.
En face de la maison, dessinez un petit bâtiment de *(0,5 cm × 0,5 cm)*.
A l'est de la maison, perpendiculaire au mur de la maison, dessinez un chemin. Ce chemin traverse tout le champ.
Au bout du chemin, dessinez un grand portail.

☐ *Grammaire* ••

7. Complétez en utilisant trop, assez, pas assez.

J'ai encore faim. Je n'ai . . . . . . mangé.

Il a mal à la tête. Hier soir, il a . . . . . . bu.

Réveillons-la. Elle a . . . . . . dormi.

Il a mal au ventre. Il a . . . . . . mangé.

Je vais me reposer. J'ai . . . . . . travaillé pour aujourd'hui.

Nous cherchons une grande maison parce que notre appartement est . . . . . . petit.

Je ne peux pas acheter ce château. Je ne suis . . . . . . riche.

8. Écrivez les verbes à la forme qui convient.

● Il *(venir)* chez moi, demain.
● Elle *(avoir)* vingt ans dans une semaine.
● J' *(aller)* à Paris dans deux jours. Je *(prendre)* ma voiture.
● Est-ce que tu *(arriver)* à l'heure ce soir ?
● Nous sommes désolés. Nous ne *(pouvoir)* pas venir ce soir.
● Ils *(faire)* une grande fête pour leur mariage.
● Demain, vous *(se lever)* à quelle heure ?

9. Employez le pronom « en » pour supprimer la répétition.

« — Dans le Midi nous produisons du vin.
— Nous aussi, en Bourgogne, nous produisons du *vin.* »

« — Il est architecte, il construit des maisons.
— Il construit beaucoup de *maisons* ? »

« — Vous élevez des moutons dans le Larzac ?
— Oui, j'ai cinquante *moutons.* C'est un petit troupeau. »

« — Vous avez des enfants ?
— Oui, j'ai trois *enfants.* Et vous ?
— Moi, je n'ai pas d'*enfant.* »

« — Vous avez vu de bons films à Paris ?
— Oui, j'ai vu d'excellents *films.* »

☐ Orthographe ••••••••••••••••••••••••••••••••••

10. Complétez les mots avec une graphie de [o] *: -o, -au, -eau, etc.*

Il possède un chât.... et des chev.... de course. Il a aussi des appartements, des
immeubles de bur......, un bat.... et des tabl.... de Picasso. Il possède aussi une
propriété de deux cents hectares et des troup....... J'ai de la chance. Je suis p......vre et
je vais l'épouser.

11. Le pluriel des noms. Complétez avec d'autres exemples.

On ajoute « s »	On ajoute « x »	On transforme « al » → « aux »
une maison → des maisons	un troupeau → des troupeaux	un journal → des journaux
....	....	....

☐ Écrit ••

12. Que ferez-vous si les événements suivants se produisent ?

a) Deux mois avant un examen, vous avez une semaine de vacances.
b) Vous héritez de la propriété de Madame Morin.
c) Vous êtes élu maire de votre ville.

13. *Lisez votre horoscope et celui de vos amis. Imaginez en groupe un horoscope pour l'été prochain.*

BÉLIER 21 mars / 21 avril	● Écoutez vos amis ! Répondez à leur invitation ! ● **Amour** : vous ferez une rencontre importante le 15. ● **Santé** : vous ne dormez pas assez.
TAUREAU 22 avril / 21 mai	● N'ayez pas peur de vos chefs. Ils vous apprécient. ● **Amour** : beaucoup vous regarderont, mais vous ne ferez pas attention. ● **Santé** : attention au soleil !
GÉMEAUX 22 mai / 21 juin	● Faites des projets. Ils réussiront. ● **Amour** : quelqu'un vous aime en secret. ● **Santé** : protégez vos yeux.
CANCER 22 juin / 22 juillet	● Jouez ! Vous gagnerez ! ● **Amour** : amusez-vous un peu. Changez-vous les idées ! ● **Santé** : vous avez des maux de tête. Détendez-vous !
LION 23 juillet / 22 août	● Vous rencontrerez une personne importante pour votre avenir professionnel. ● **Amour** : beaucoup d'amis autour de vous mais pas de grand amour en vue. Il faut attendre. ● **Santé** : faites de la gymnastique.
VIERGE 23 août / 22 sept.	● Une affaire importante se présentera. N'hésitez pas. Vous gagnerez beaucoup d'argent. ● **Amour** : vous vivrez bientôt une grande passion. Méfiez-vous du Lion. ● **Santé** : vous mangez trop. Équilibrez vos repas.
BALANCE 23 septembre / 22 oct.	● Écoutez vos amis. Ils sauront vous conseiller. ● **Amour** : vous aurez une déception passagère. Ne dramatisez pas. ● **Santé** : tout va bien. Vous êtes en forme.
SCORPION 23 octobre / 22 nov.	● Quelques nuages dans votre vie professionnelle. ● **Amour** : vous trouverez l'équilibre en famille. ● **Santé** : attention à votre cœur !
SAGITTAIRE 23 novembre / 21 déc.	● Vous trouverez un emploi intéressant. ● **Amour** : si vous rêvez de vous marier, c'est le moment. ● **Santé** : le vin n'est pas votre ami. Ni la cigarette.
CAPRICORNE 22 déc. / 20 janvier	● Quelques problèmes avec vos supérieurs. ● **Amour** : une rencontre le 4. Elle sera importante. ● **Santé** : vous êtes surmené. Reposez-vous.
VERSEAU 21 janv. / 19 février	● Un ancien projet peut renaître de ses cendres. ● **Amour** : amitié et peut-être plus avec le Scorpion. ● **Santé** : faites du sport.
POISSONS 20 février / 20 mars	● Vous serez actif. Vous réussirez. On vous admirera. ● **Amour** : ne jouez pas avec l'amour ! ● **Santé** : attention aux maux d'estomac !

14. *Que signifient ces enseignes ? Existent-elles dans votre pays ?*
Faites la liste de tous les magasins (ou locaux professionnels) de votre rue
(ou d'une portion de rue que vous connaissez bien).

15. *Lisez cet article et répondez aux questions.*

Baccalauréat

15.000 candidats vont philosopher

■ Cette année dans l'académie de Montpellier, ils sont 10.236 candidats contre 9.909 en 1987 à se présenter aux épreuves du baccalauréat du second degré. Tous, mercredi, dans quinze lycées de la région, se retrouveront pour l'épreuve de philosophie, l'examen pour les autres matières écrites s'échelonnant du 22 au 24 juin.

Les résultats seront proclamés le lundi 4 juillet en fin d'après-midi et les oraux de rattrapage se dérouleront les 6, 7 et 8 juillet.

C'est la série A toutes sections confondues qui regroupera le plus de candidats: 3.149; suivie de la série B (éco-nomie) 2.633; de la série D (biologie) 2.393; de la série C (maths) 1.680 et de la série E (technique) 279. La série D' (agricole) ne réunit que 97 candidats répartis dans les centres de Carcassonne et Montpellier.

Près de 5.000 en Technique

Les 4.788 candidats au baccalauréat de technicien passent eux aussi mercredi, mais dans l'après-midi l'épreuve de philosophie. Les autres épreuves s'échelonnent suivant les séries du 14 au 25 juin et les résultats seront proclamés du 25 au 30 juin.

● A quelles dates auront lieu les épreuves du baccalauréat ?
● Quand les étudiants connaîtront-ils le résultat ?
● Quel est le rôle des « oraux de rattrapage » ?
● Quels sont les différents types de baccalauréat en France (les différentes « séries ») ?

(*Midi-Libre* —07/06/88)

□ *Oral* ••

16. *Jeu de rôles : la voyante.*

Prédisez l'avenir à votre voisin(e).
Parlez-lui :
— de son avenir professionnel
— des rencontres qu'il / elle fera
— de ses futurs voyages
— de sa vie sentimentale future

17. *Ils font des projets. Faites-les parler.*

18. *Jeu de rôles : vous êtes journaliste. Vous interviewez le président de la région d'Aquitaine. Vous vous renseignez sur l'économie de la région. Utilisez le document ci-dessous pour préparer le jeu de rôles.*

RÉGION D'AQUITAINE

● **Villes** : Bordeaux *(208 000 habitants)* — Pau *(83 000 habitants)*.

● **Richesses agricoles** :
  productions : maïs, cultures maraîchères, fraises *(premier producteur de France)* — vignes
  (vins de Bordeaux — Cognac) — tabac *(2ᵉ producteur de France)*
  élevage : volailles *(foie gras : 1ᵉʳ producteur de France)*
  forêts : forêt des Landes *(1ʳᵉ forêt d'Europe centrale)*

● **Pêche** : culture des huîtres à Arcachon.

● **Industries** :
  gaz naturel *(1ᵉʳ producteur de France)*
  produits chimiques

● **Tourisme** :
  Côtes de l'Océan *(Biarritz, station balnéaire)*.
  Grottes préhistoriques *(Lascaux)*.
  Châteaux, églises romanes.
  Paysages.

❏ *Compléments* ••••••••••••••••••••••••••••••••

19. *Une chanson.*

VIVE LA ROSE

Mon amant me délaisse
O gué vive la rose
Je ne sais pas pourquoi
Vive la rose et le lilas

Il va t'en voir une autre
O gué vive la rose
Ne sais s'il reviendra
Vive la rose et le lilas

On dit qu'elle est très belle
O gué vive la rose
Bien plus belle que moi
Vive la rose et le lilas

On dit qu'elle est malade
O gué vive la rose
Peut-être qu'elle en mourra
Vive la rose et le lilas

Si elle meurt dimanche
O gué vive la rose
Lundi on l'enterrera
Vive la rose et le lilas

Mardi il reviendra me voir
O gué vive la rose
Mais je n'en voudrai pas
Vive la rose et le lilas.

Paroles et Musique de Guy BÉART
© Éditions Espace

131

☐ *Vocabulaire* ••

1. *Vous avez eu un accident. Que faut-il changer ? Que faut-il réparer ?*

l'aile
le capot
le toit
le phare
la plaque d'immatriculation
la portière
le coffre
le volant
le pare-choc

(voir aussi vocabulaire p. 163 du livre)

2. *Que signifient ces panneaux ?*

3. Que signifient les symboles suivants sur une carte routière ?

- autoroute — église — moulin — montagne — ruine antique — point de vue — étang — château — phare — usine — autre curiosité.

☐ *Grammaire* ••

4. Employez le pronom « en » pour supprimer les répétitions.

« — Il peut faire froid ce soir. Est-ce que je prends une veste ?
— Oui, prends une *veste* ! »

« — Je vais faire des courses. Est-ce que je dois acheter du pain ?
— Oui, achète du *pain* !

« — Est-ce que je peux boire du vin ?
— Non, ne bois pas de *vin.* »

« — Est-ce que je dois faire un gâteau ?
— Non, ne fais pas de *gâteau.* Il y a des fruits pour le dessert. »

« — Est-ce que je mets un pull-over ?
— Oui, mettez un *pull-over.* »

5. Répondez selon la consigne en utilisant le pronom qui convient.

- Est-ce qu'il a bu du café ? Non, ...
- Est-ce qu'il a regardé la télévision ? Oui, ...
- Est-ce qu'elle a acheté une nouvelle robe ? Oui, ...
- Est-ce qu'il a mis un morceau de sucre dans son thé ? Non, ...
- Est-ce que vous avez choisi votre menu ? Oui, ...
- Est-ce que vous avez écrit vos lettres ? Non, ...
- Est-ce que vous avez récolté beaucoup de fruits ? Oui, ...
- Est-ce que nous avons perdu le match ? Non, ...

6. Employez « en » ou « y » pour supprimer les répétitions.

« — Vous partez en vacances ?
— Non, malheureusement, nous revenons de *vacances*. »
« — Êtes-vous déjà venus en France ?
— Oui, nous sommes venus *en France*, en 1987. »
« — Je vais à Paris.
— Moi, je viens de *Paris*. »
— Je viens de Marseille.
— Et moi, je vais à *Marseille*. »
« — Vous avez vécu en France ?
— Non, je n'ai jamais vécu en *France*. »
« — Vous avez dansé dans cette discothèque ?
— Oui, j'ai dansé dans cette *discothèque* quand j'étais jeune. »

7. Complétez avec le pronom qui convient.

« — Est-ce que tu as téléphoné à Jacques et Martine ?

— Non, mais je vais . . . . . . téléphoner pour . . . . . . remercier. »

« Jean a réussi au bac. Écrivons-. . . . . . pour . . . . . . féliciter. »

« — Est-ce que je peux aller à la piscine ?

— Oui, vas-. . . . . . »

« — Vous pensez toujours à votre projet de recherche pétrolière ?

— Oui, nous . . . . . . pensons toujours. Avec votre autorisation, nous ferons des recherches

sur la commune de Saint-Sauveur. Nous . . . . . . trouverons du pétrole. C'est sûr.

— Nous . . . . . . reparlerons. Ce pétrole, vous ne . . . . . . avez pas encore trouvé. »

☐ Orthographe ....

8. Recherchez des mots qui contiennent les groupes graphiques du tableau.

Voyelle + n + voyelle	Voyelle + nn + voyelle	Voyelle + m + voyelle	Voyelle + mm + voyelle
une angine	elle connaît	madame	une femme
....	....	....	....

9. Dans la conjugaison des verbes, une double consonne modifie le son de la voyelle e qui précède.

Exemple : il prend   — *ils prennent*
nous appelons — *ils appellent*

Recherchez d'autres exemples.

10. *Complétez avec c'est, ces, ses.*

Aujourd'hui, ... dimanche.

Catherine n'aime pas passer . . . . . . vacances à la campagne chez . . . . . . parents.

Qu'est-ce que . . . . . . ? Est-ce que vous aimez . . . . . . tableaux ?

. . . . . . livres ne sont pas . . . . . . livres, ce sont mes livres !

Qui a oublié . . . . . . lunettes ? . . . . . . Pierre ?

11. *Mettez les verbes à la forme qui convient.*

Actuellement, ils *(démolir)* le vieux quartier. Dans trois mois, ils *(construire)* des ensembles modernes.
Tu *(lire)* « Madame Bovary » ? Est-ce que ça te *(plaire)* ?
Je ne vois plus Jacques. Qu'est-ce qu'il *(devenir)* ?
L'an dernier nous *(produire)* cent tonnes de pommes de terre.
Tes nouvelles chaussures me *(plaire)* beaucoup.
Hier soir, nous *(voir)* « Carmen » à l'Opéra et ça nous *(plaire beaucoup)*.

☐ *Écrit* ....

12. *Le roman d'Alain-Fournier,* Le Grand Meaulnes, *se déroule au rythme des saisons. Voici quelques phrases de ce roman. Pouvez-vous reconnaître le moment de l'année ?*

> 1 - « A une heure de l'après-midi... la classe du Cours supérieur est claire, au milieu du paysage gelé, comme une barque sur l'océan. »
> 2 - « C'est un jeudi au commencement de février, un beau jeudi glacé où le vent souffle. »
> 3 - « Il faisait du soleil comme aux premiers jours d'avril... Le givre fondait et l'herbe mouillée brillait... Dans les arbres, plusieurs petits oiseaux chantaient. »
> 4 - « Une goutte de pluie tomba sur un cahier... nous regardions silencieusement dans le ciel gris la déroute des nuages. »
> 5 - « Les saules nous abritaient des regards mais non pas du soleil... »
> 6 - « Sur l'herbe courte et légèrement jaunie, nous marchions tous les trois sans but... »

13. *Corinne écrit à ses parents. Elle raconte son voyage, parle du temps, de la panne de voiture, etc. Rédigez la lettre.*

> *Chers parents,*
> *Nous sommes arrivés, ce soir* . . . . . .

14. *Rédigez le règlement d'une bibliothèque scolaire ou universitaire.*

(*Vocabulaire* : consulter, prêter, emprunter, rendre... un livre, un fichier, une fiche).

15. *Rédigez des règlements fantaisistes pour :*

- votre salle de classe
- une plage
- un autobus ou le métro
- un café, etc.

 *Oral* •••

16. *Refaites les couples. Aidez Tristan à rejoindre Iseult, Don José à rejoindre Carmen et Hamlet à rejoindre Ophélie.*

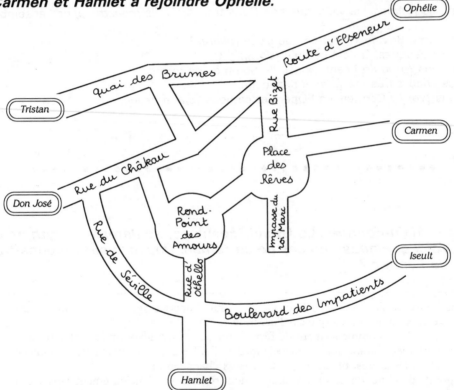

17. *Quel temps fait-il dans les régions de France que vous connaissez ? Trouvez-le en lisant les documents ci-dessous.*

LE CLIMAT DE LA FRANCE

On distingue quatre types de climats.
- **Le climat atlantique** *(Sud-Ouest — Ouest et Nord).* Hivers doux. Étés frais et humides. Des pluies fines et abondantes en toutes saisons.
- **Le climat montagnard** *(Pyrénées — Massif central — Alpes — Jura — Vosges).* Les hivers sont longs et froids. Les étés sont pluvieux. La neige peut y tomber de novembre à mai.
- **Le climat méditerranéen** *(Languedoc — Provence).* Les hivers sont courts. Les étés sont très chauds. Les étés apportent souvent la sécheresse. Ils sont suivis de violents orages.
- **Le climat continental** *(Centre et Est).* Hivers froids. Étés chauds. Pluies assez violentes mais moins fréquentes que sur l'Atlantique.

❑ *Compléments* ••••••••••••••••••••••••••••••••••••••

18. *Poème de Prévert.*

CHANSON POUR VOUS

A Florence

Cheveux noirs cheveux noirs
caressés par les vagues
cheveux noirs cheveux noirs
décoiffés par le vent
Le brouillard de septembre
flotte derrière les arbres
le soleil est un citron vert
Et la Misère
dans sa voiture vide
traînée par trois enfants trop blonds
traverse les décombres
et s'en va vers la mer
Cheveux noirs cheveux noirs
caressés par les vagues
cheveux noirs cheveux noirs
décoiffés par le vent

Jacques PRÉVERT
in La Pluie et le beau temps
© *Éditions Gallimard*

● Relevez les éléments du paysage et du climat.
● ... *le soleil est un citron vert,* dit Prévert pour décrire le soleil de septembre. Trouvez des images surréalistes pour décrire le soleil d'août, le soleil en hiver, la lune en été.
● ... *la Misère dans sa voiture vide...* Trouvez une image surréaliste pour décrire la gaieté, la richesse, la pauvreté, etc.

❏ *Vocabulaire* ....

1. *Comparez ces deux frères. Notez les différences et les ressemblances dans le tableau.*

Ressemblances	Différences
....	....
....	....
....	....
....	....

2. *Complétez avec amener, emmener, apporter.*

● **Au bureau :**

M. Dupuis : — S'il vous plaît, M. Brun, ...-moi le dossier Fontaine. Nous allons l'étudier jusqu'à midi. Après, je vous ...... au restaurant.

M. Brun : — Excusez-moi. Je ne peux pas accepter votre invitation. A une heure je dois ...... mon fils chez le dentiste.

● **La statue :**

Corinne : — Il faut ...... cette statue au musée archéologique.

Mireille : — Venez avec moi. Je vous ...... dans ma voiture. Je connais la directrice du musée.

3. *Complétez avec le vocabulaire de l'Art* (p. 171 du livre).

« La Joconde » est un ...... célèbre de la peinture italienne. Mais on ne sait pas qui est représenté sur cette ...... de Léonard de Vinci.

Dans ce petit magasin, il y a beaucoup de vieux objets. On y trouve aussi quelquefois de vraies ....

Dans les pays africains on fait de très belles ...... de bois.

Picasso a été un artiste complet. Il a ...... de nombreux tableaux. Il a ...... des objets étranges. Il a ...... beaucoup de dessins.

4. Complétez le tableau avec le masculin ou le féminin des noms.

Masculin	Féminin
un oncle	*une tante*
un beau-père	....
....	une nièce
un roi	....
....	une princesse
un dieu	....
....	une sorcière
un bœuf	....
....	une jument

5. Reliez chaque adjectif à son contraire et donnez un exemple.

VIEUX   MODERNE
ÂGÉ   RÉCENT
ANCIEN   NOUVEAU
ANTIQUE   JEUNE
D'OCCASION   NEUF

❏ *Grammaire* ....

6. Comparez-les.

À MA GAUCHE, PAUL LE KID, 23 ANS, 1M80, 75 Kg. 28 COMBATS GAGNÉS, CHAMPION DE PROVENCE ! À MA DROITE, NICK CALAMITY... 25 ANS, 1M82, 74 Kg, 25 COMBATS GAGNÉS, CHAMPION DU QUÉBEC !

7. Complétez avec bon, bien, mieux, meilleur, le meilleur.

« Picasso est un . . . . . portraitiste. Il peint très . . . . . . les sentiments des personnages. Mais je trouve que les portraits de Modigliani sont . . . . Il dessine . . . . . . les formes du visage. C'est plus gracieux. Pour moi, Modigliani est . . . . . . portraitiste du XXe siècle. »

Êtes-vous d'accord avec ces affirmations ? Comparez un portrait de Picasso et un portrait de Modigliani (pp. 29 et 117 du livre).

8. Comparez d'après les indications.

● Pierre : 1,75 m — Marie : 1,68 m.

→ Pierre est . . . . . . grand . . . . . . *Pierre est plus grand que Marie.*

● Armoire : 60 kg — Réfrigérateur : 60 kg.

→ L'armoire est . . . . . . lourde . . . .

● Restaurant « Au bon coin » : menu 85 F — Restaurant du Port : menu 65 F.

→ Le restaurant du Port est . . . . . . cher . . . .

● Paris : 14° — Marseille : 19°.

→ A Paris, il fait . . . . . . chaud . . . .

● Paris/Lyon en TGV : 2 h — Paris/Lyon en voiture : 4 h.

→ Le trajet en TGV est . . . . . . rapide . . . .

● Nicole sort du bureau à 17 h. Michèle sort du bureau à 18 h 30.

→ Michèle sort . . . . . . tard . . . .

● Nicolas Legrand : 30 concerts — Patrick Simon : 35 concerts.

→ Patrick Simon chante . . . .

● Valérie (dactylo) : 80 mots à la minute. Stéphanie (dactylo) : 60 mots à la minute.

→ Stéphanie tape . . . . . . vite . . . .

● Dépenses mensuelles de Jacques (8 000 F) — Salaire de Jacques (8 500 F).
Dépenses mensuelles de Marie (5 000 F) — Salaire de Marie (10 000 F).

→ Marie dépense . . . . . . Jacques.

Marie gagne . . . . . . Jacques.

❏ Orthographe ●●●●●●●●●●●●●●●●●●●●●●●●●●●●●●●●●●●●

9. Complétez avec quel, quels, quelle, quelles, qu'elle(s).

● « Oh ! . . . . . . spectacle ! . . . . . . chanteuse ! . . . . . . chante bien ! . . . . . . excellent orchestre !

. . . . . . bons musiciens ! »

● « . . . . . . beau musée ! . . . . . . peintures extraordinaires ! Ah ! . . . . . . sont intéressantes, ces

expositions ! »

● « . . . . . . âge avez-vous ? . . . . . . est votre profession ? . . . . . . sont vos prénoms ? »

10. Complétez avec bien ou bon.

En Italie on mange . . . . Il y a de . . . . . . restaurants.

Ce n'est pas un . . . . . . élève. Il ne travaille pas . . . .

J'ai vu un . . . . . . film hier soir. J'ai . . . . . . aimé l'histoire.

Il a une . . . . . . situation. Il gagne . . . . . . sa vie.

Ne buvez pas ce vin. Il n'est pas . . . .

Tu conduis trop vite. Ce n'est pas . . . .

11. Complétez avec même (adjectif ou pronom).

● Je ne veux plus regarder de films policiers. C'est toujours la . . . . . . histoire, les . . . . . .

acteurs, les . . . . . . poursuites en voiture. Ces films policiers, ce sont tous les . . . .

● Depuis cinq ans, ce peintre choisit le . . . . . . sujet et utilise les . . . . . . couleurs. Regardez ses

toiles ! Ce sont toutes les . . . .

● Tu as une belle robe. Je voudrais la . . . .

● Dans ce conte, la reine et la sorcière ont les . . . . . . parents. Mais leur jeunesse n'a pas été

la . . . .

12. Barrez les lettres finales qui ne se prononcent pas.

La main de cette statue n'a plus de doigts.
Plus ils sont grands, plus ils sont bêtes !
Connaissez-vous l'histoire de la forêt mystérieuse ? C'est l'histoire d'un pays où les bons
deviennent méchants.
J'aime beaucoup l'art du peintre dans ce portrait.

13. Mettez les verbes à la forme qui convient.

Hier j'(amener) les enfants au musée. Demain je les (amener) à la piscine.
Monet (peindre) de magnifiques paysages.
Vous avez fini de (peindre) votre salon ? — Non, nous le (peindre) aujourd'hui.
Jacques m'a dit qu'hier il (être) à l'université. Mais il (mentir). Nicole l'(voir) dans un café.
Le mois dernier, on (découvrir) les restes d'une ville antique dans la région de Marseille. Je
suis sûr qu'ils (découvrir) encore beaucoup de vestiges archéologiques dans cette région.

❏ *Écrit* ●●●

14. *Lisez les présentations de ces livres.*

ROMANS DE L'ÉTÉ

PASSIONS ET CONVOITISES
DANS LA CHINE DU Xème SIÈCLE

LE BAISER DU DRAGON

YSABELLE LACAMP

L'histoire se passe en Chine, au Xème siècle dans le monde des conquérants de l'an mil où les supplices étaient aussi raffinés que les caresses.

Dans un tourbillon d'intri-gues et de luttes, les destins basculent. La truculence est rabelaisienne, le rythme frénétique.

Amour et aventures, chevauchées et combats se succèdent, pour le plus grand plaisir du lecteur... averti. ■

Prix : **69 F**
320 pages

UN WESTERN FINANCIER ÉPOUSTOUFLANT

LE ROI VERT

PAUL-LOUP SULITZER

Dans une fosse à Mauthausen, au milieu des cadavres, on découvre un homme... vivant.

Il a dix-sept ans, les yeux gris, son nom est Reb Michael Klimrod.

Ainsi commence l'épopée de celui qu'on appellera le *Roi vert*.

Aventurier, spéculateur génial... Son histoire est aussi celle d'un amour fou et d'une réussite financière exceptionnelle.

Vert comme la forêt amazonienne, vert comme le dollar, Reb Michael Klimrod sera deux fois roi. ■

Prix : **59 F**
464 pages

Dans *Succès du Livre - Magazine*
n° 4 juin-juillet-août 1988
Exemplaire distribué gratuitement dans les librairies

LA LIBÉRATION DE LA FEMME DATE DE L'ÉGYPTE ANCIENNE

LA FEMME AU TEMPS DES PHARAONS

CHRISTIANE DESROCHES NOBLECOURT

Quelle place tenait la femme dans l'ancienne Égypte quelque 2000 ans avant notre ère ? Elle était l'égale de l'homme, répond Christiane Desroches Noblecourt et pouvait devenir médecin, prêtre ou administrateur. Elle savait aussi se montrer entreprenante et audacieuse. En utilisant habilement documents et légendes, histoires et anecdotes, l'auteur parvient à donner une image complète et vivante de la femme au temps des pharaons.

Christiane Desroches Noblecourt a été conservateur en chef du département égyptien du Louvre.

Prix : **9?**
352 pag...

● Pour chaque livre, trouvez :
  a) le type de livre (roman, histoire, etc.)
  b) le sujet
  c) l'époque
  d) le lieu
● Lequel de ces 3 livres emporteriez-vous pour lire pendant le voyage Paris/Bangkok (10 heures de vol) ? Justifiez votre choix.

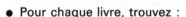

15. *Lisez ces commentaires et imaginez les notes correspondantes.*

● Au premier trimestre, Marc Moreau a bien travaillé. Au deuxième trimestre, il a moins bien travaillé et au troisième enfin, il a beaucoup mieux travaillé. C'est à ce dernier trimestre qu'il a obtenu son meilleur résultat.

● Au premier trimestre, Michèle Grand a mal travaillé. Au deuxième trimestre, elle a encore plus mal travaillé. Le résultat du troisième trimestre a été le plus mauvais.

Notes moyennes de l'année sur 20			
	Anne Leclerc	**Marc Moreau**	**Michèle Grand**
1er trimestre	8		
2e trimestre	8,5		
3e trimestre	16		

16. *Voici des extraits d'une enquête parue dans l'hebdomadaire « Le Point ».*
Analysez les tableaux statistiques.
Comparez avec la situation dans votre pays.

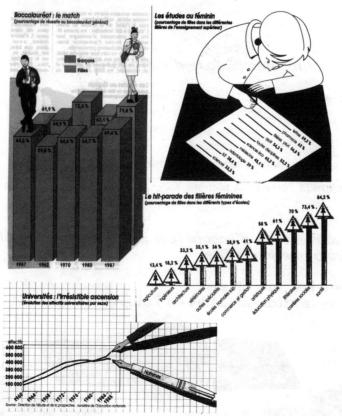

ÉTUDES :

Pourquoi les filles
sont meilleures que les garçons

Tous ces tableaux extraits du *Point* n° 823 - 27 juin 1988

17. *Imaginez une suite à la légende de la reine Sara* (p. 169 du livre).

18. *Voici la vraie suite de cette légende.*

> Un jour Sara voit une barque au loin sur la mer. C'est un jour de tempête. La barque n'a pas de voile et ses occupants vont se noyer.
>
> Alors, Sara jette son manteau sur la mer. Le manteau immense recouvre la mer et les occupants de la barque peuvent venir à pied jusqu'au rivage.
>
> Les occupants de la barque viennent de Jérusalem. Il y a Marie-Jacobé (sœur de la mère de Jésus) ; Marie-Salomé (mère des apôtres Jacques et Jean) et d'autres membres de la famille de Jésus. Jésus est mort et sa famille est persécutée. Ils ont fui sur une barque.
>
> Ils parlent à Sara de leur nouvelle religion. Sara et son peuple se convertissent au christianisme. Ils construisent une église à l'endroit où se trouve aujourd'hui l'église des Saintes-Marie-de-la-Mer. Puis, ils partent évangéliser la région.
>
> Voilà pourquoi le village construit autour de l'église s'appelle Les Saintes-Maries-de-la-Mer.
>
> **N.B.** Il y a deux versions à cette légende : la version chrétienne et la version gitane. Nous vous avons raconté la version gitane.

☐ *Oral* ••

19. *Imaginez et racontez une histoire d'extra-terrestres.*

- Une nuit, dans la ville de . . . .
- Arrivée des extra-terrestres . . . .
- Portrait des extra-terrestres . . . .
- Les extra-terrestres emmènent les humains sur leur planète . . . .
- Comparaison entre la Terre et la planète X . . . .

20. *Vous devez vous mettre d'accord (par petits groupes) sur le choix d'un cadeau à faire à une jeune fille.*

a) **Choisissez entre les trois objets.**
b) **Choisissez entre les trois modèles de l'objet.**

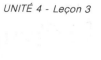

21. Vous devez vous mettre d'accord en groupe sur le choix d'un film. Examinez chaque présentation. Commentez.

films en 1re exclusivité

EXPLICATION DES SIGNES - GENRE DES FILMS

☐ Interdits aux moins de 18 ans	**A** Aventure	**E** Epouvante Horreur
△ Interdits aux moins de 13 ans	**B** Biographie	**F** Fantastique Fiction
◆ Recommandés aux très jeunes	**C** Comédie	**G** Guerre
	D Drame	**H** Historique
		J Dessin animé Vie animaux
		K Karaté
		M Film musical
		O Comédie dramatique
		P Policier Espionnage
		S Erotisme
		W Western
		X Divers

H DERNIER EMPEREUR (LE). — Italo-britannique, coul. (87). Fresque historique, de Bernardo Bertolucci : La vie du dernier Empereur de Chine, Pu Yi, promu à 3 ans, puis chassé de Pékin, arrêté par les Russes en 1945, remis à la Chine en 50 et libéré 10 ans plus tard au terme d'une longue « rééducation ». Avec John Lone, Peter O'Toole, Joan Chen, Ying Ruovcheng, Victor Wong, Dennis Dun, Ryuichi Sakamoto, Wu Jun Mei. **Pathé Impérial 2e, 3 Balzac 8e** (vo).

P FRANTIC. — Franç., coul. (87). Policier, de Roman Polanski : Un américain recherche sa femme mystérieusement disparue dès leur arrivée à Paris. Avec Harrison Ford, Betty Buckley, Djiby Soumare, Dominique Virton, Gérard Klein, Stéphane d'Audeville, Laurent Spielvogel, Alain Doutey. **Gaumont Ambassade 8e** (vo), **George V 8e** (vo), **Bienvenue 15e** (vo).

O GRAND CHEMIN (LE). — Franç., coul. (86). Comédie dramatique, de Jean-Loup Hubert : En 1959, un petit Parisien de neuf ans, confié à des amis dans un village breton, découvre un monde nouveau. Avec Anémone, Richard Bohringer, Antoine Hubert, Vanessa Guedj, Christine Pascal, Pascale Roberts, Raoul Billery. **Lucernaire 6e, George V 8e.**

D HOTEL DU NORD. — Franç., noir et blanc. (38). Drame, de Marcel Carné : La vie de quelques-uns des pensionnaires d'un hôtel au bord du canal Saint-Martin. Un classique du cinéma français d'avant guerre. Avec Louis Jouvet, Arletty, Jean-Pierre Aumont, Annabella, Bernard Blier, Jane Marken, Paulette Dubost, François Périer, Andrex, André Brunot. **St-Lambert 15e.**

J ◆ ROI ET L'OISEAU (LE). — Franç., coul. (80). Dessin animé long-métrage, de Paul Grimault : Le roi Charles V et Trois font Huit et Huit font Seize de Takicardie décide d'épouser par la contrainte une modeste bergère, qu'aime un petit ramoneur. Prix Louis Delluc 1979. **Denfert 14e, République Cinéma 11e.**

M ROLLING STONES (Let's spend the night together). — Amér., coul. (82). Film musical, de Hal Ashby : La tournée triomphale du groupe en 82 aux Etats-Unis. Avec Mick Jagger, Keith Richards, Charlie Watts, Ron Wood, Bill Wyman, Ian Stewart, Ian McLagan, Ernie Watts, Bobby Keys. **Grand Pavois 15e** (vo).

C NEW YORK-MIAMI (It happened one night). — Amér., noir et blanc. (34). Comédie, de Frank Capra : Une jeune héritière en fuite pour Miami rencontre un journaliste dans un autocar. Coup de foudre réciproque ! Un « joyau » de la comédie américaine. Avec Clark Gable, Claudette Colbert, Roscoe Karns, Walter Connolly, Ward Bond, Eddie Chander, Alan Hale. **Denfert 14e** (vo), **Républic 11e.**

C VIE EST BELLE de Benoît Lamy (LA) (Life is Rosy). — Franco-belge, coul. (87). Comédie, de Benoît Lamy : Les tribulations d'un jeune villageois qui découvre le monde moderne africain et réussit à se faire une place au soleil. Avec Papa Wemba, Krubwa Bibi, Landu Nzunzimbu, Kanku Kasongo, Lokinda Mengi Fenza, Kalimazi Lombume. **(Voir rubrique « Nouveaux films »).**

❏ *Compléments* •••••••••••••••••••••••••••

22. *Testez vos connaissances. Cochez la bonne case.*

	VRAI	FAUX
1. Tokyo a plus d'habitants que Paris.	....	....
2. Le Kilimandjaro est moins haut que le mont Blanc.	....	....
3. La Seine est plus longue que la Loire.	....	....
4. Le pôle Nord est plus froid que le pôle Sud.	....	....
5. La tour Eiffel est plus haute que l'Empire State Building.	....	....
6. L'Australie est un pays plus grand que l'Inde.	....	....
7. L'océan Atlantique est moins grand que l'océan Pacifique.	....	....
8. En Libye, il fait plus chaud qu'en Arabie Saoudite.	....	....
9. Le roman *Le Père Goriot* est moins long que *L'Étranger*.	....	....
10. Un chien vit en moyenne plus longtemps qu'un chat.	....	....
11. Le plus grand animal vivant est la baleine bleue.	....	....
12. Le plus vieil animal vivant est un éléphant.	....	....
13. Les plus gros œufs sont des œufs d'autruche.	....	....
14. L'animal le plus rapide est la mouche.	....	....
15. L'animal le plus long est un serpent.	....	....
16. Le plus grand port du monde est New York.	....	....
17. Le métro le plus long du monde est à New York.	....	....
18. Le train le plus rapide est le TGV français.	....	....
19. La plus haute statue du monde est en URSS.	....	....
20. L'homme au nom le plus court habite au Danemark.	....	....

Réponses 1 V — 2 F — 3 F — 4 V — 5 F — 6 V — 7 V — 8 V — 9 F — 10 F — 11 V — 12 F (c'est un coquillage, le kuahog, 230 ans) — 13 V — 14 F (c'est un oiseau, le faucon) — 15 F (c'est un ver de 55 m) — 16 V — 17 F (il est à Londres) — 18 V — 19 V (elle fait 52 m) — 20 V (il s'appelle Å).

23. *Lisez ce poème. En l'imitant, changez le roi de l'île.*

« La reine de l'île
　Est-ce une orange ...... »

LE ROI DE L'ÎLE

Le roi de l'île
Est-ce un raisin
Est-ce un poisson
Est-ce un nuage ?

Le roi de l'île
Est-ce un caillou
Est-ce un marin
Est-ce un soleil ?

Le roi de l'île
Est-ce un pied nu
Est-ce un navire
Est-ce un silence ?

Le roi de l'île
Est-ce l'été
Est-ce le chant
Est-ce l'amour ?

Le roi de l'île
Serait-ce lui
Serait-ce toi
Serait-ce moi ?

George-Emmanuel
CLANCIER
© Éditions Subervie ; Rodez

Leçon 4

❑ *Vocabulaire* ••••••••••••••••••••••••••••••••••••

1. Complétez avec le vocabulaire des médias (voir p. 178 du livre).

● « — J'ai lu cette nouvelle dans plusieurs . . . . . . du 16 août.

— Moi, je l'ai entendue à la . . . . . . et le soir, on en a parlé dans le . . . . . . télévisé de la première . . . . . . »

● On peut acheter un . . . . . . tous les jours. Les . . . . . . paraissent chaque semaine.

● Hier, le vol de la bijouterie de Lyon était en . . . . . . sur la première page des journaux.

● Je n'ai pas eu le temps de lire le journal. Je tourne les pages et je regarde seulement les . . . . Je ne lis pas tous les . . . .

2. Les pouvoirs dans l'État français. Complétez le schéma.

Pouvoir exécutif

Le . . . .
élu par tous les Français pour 7 ans

Le . . . .
nommé par le . . . .

Les . . . .
nommés par le . . . .

Pouvoir législatif

La . . . .
500 . . . .
élus pour 5 ans par tous les Français

Le . . . .
300 . . . .
élus pour 9 ans par les grands électeurs

3. Six personnes ne travaillent pas pour des raisons différentes. Précisez leur état.

Pierre ne trouve pas de travail. Il est . . . .

Jacques a 70 ans. Il est . . . .

Marie fait ses études. Elle est . . . .

Nicole est très malade depuis 5 mois. Elle est . . . .

André et ses collègues se sont arrêtés de travailler pour demander une augmentation de salaire. Ils sont . . . .

Françoise a travaillé sans arrêt pendant 11 mois. Maintenant elle est . . . .

4. *Remplacez l'expression soulignée par un adverbe.*

C'est bien ! Vous travaillez avec courage.

Il a réussi à son examen. C'est heureux !

Nous ferons petit à petit diminuer le chômage.

Nous avons été surpris d'une manière désagréable.

J'ai trouvé votre adresse avec beaucoup de difficultés.

A la fin, j'ai trouvé la réponse.

Je lui ai expliqué le problème avec patience.

Il a trouvé très vite la solution.

5. *Complétez avec un adverbe.*

Olivier et Sophie ont des caractères opposés.

Olivier rit facilement. Sophie rit . . . .

Olivier parle fort. Sophie parle . . . .

Il écoute . . . . Elle écoute patiemment.

Il conduit nerveusement. Elle conduit . . . .

Il déteste la musique. Elle aime . . . . . . la musique.

Quel couple !

Mais les contraires s'attirent. Sophie et Olivier sont amoureux.

□ *Grammaire* ●●●●●●●●●●●●●●●●●●●●●●●●●●●●●●●●●●

6. *Qu'est-ce qu'ils viennent de faire ? Qu'est-ce qu'ils font ? Qu'est-ce qu'ils vont faire ?*
Rédigez de courts récits selon le modèle.

Un moment avant	Maintenant	Un moment après ....
Il prend un bain	Il s'habille	Il part travailler
Le journaliste finit son enquête	Il écrit son article	Il montre son article au rédacteur en chef
Le directeur annonce qu'il n'augmentera pas les salaires	Les ouvriers discutent	Ils font la grève
Les nuages arrivent	Le ciel s'assombrit	Il pleut
Elle a un accident	On la met dans une ambulance	L'ambulance l'emporte à l'hôpital
Ils dansent ensemble	Ils prennent un verre au bar	Ils se promènent dans le jardin

« Il vient de prendre son bain. Il est en train de s'habiller. Il va partir travailler. »

7. *Transformez les phrases suivantes et utilisez l'expression faire + infinitif.*

Exemple :   Un technicien répare la télévision de Pierre.
→ *Pierre fait réparer sa télévision.*

● Un ouvrier peint le salon de Nicole.

Nicole . . . .

● Les enfants lavent la voiture de Marie.

Marie . . . .

● Les élèves travaillent avec le professeur.

Le professeur . . . .

● Une couturière fait une robe pour Annie.

Annie . . . .

● Le coiffeur rase la barbe de Patrick.

Patrick . . . .

8. *Répondez selon le modèle.*

● Est-ce que Pierre construit sa maison ?
— *Non, il la fait construire.*

● Est-ce que M. Dupuis dactylographie ses lettres ? — Non, ...

● Est-ce que Mme Dupuis-Moreau traduit ses romans ? — Non, ...

● Est-ce que vous nettoyez votre veste ? — Non, ...

● Est-ce que Nicole coupe ses cheveux ? — Non, ...

● Est-ce que Mme Morin cultive ses terres ? — Non, ...

9. *Corrigez les informations fausses comme dans le modèle.*

Pays	Superficie	Population
France	550 000 km²	53 millions
R.F.A.	248 000 km²	62 millions
Italie	301 000 km²	57 millions
Espagne	504 000 km²	37 millions
Belgique	30 513 km²	10 millions
Suisse	41 293 km²	6,3 millions

La R.F.A. a autant d'habitants que la France.
C'est faux : la R.F.A. a plus d'habitants que la France. Elle a 9 millions d'habitants de plus.

1. La R.F.A. est plus grande que l'Italie.

C'est faux : ....   Elle fait ....

2. L'Espagne est plus grande que la France.

C'est faux : ....   Elle fait ....

3. La Belgique a moins d'habitants que la Suisse.

C'est faux : ....   Elle a ....

4. L'Espagne a autant d'habitants que l'Italie.

C'est faux : ....   Elle a ....

10. *Analysez le tableau et comparez la consommation de sucre dans les différents pays.*

Consommation annuelle de sucre *(en kg et par habitant)*	
Cuba	60
Australie	44
URSS	44
Brésil	40
France	33
Japon	23

Comparez :

Cuba et l'Australie : « A Cuba on mange . . . . . . »

L'Australie et l'URSS : « En Australie . . . . . . »

Le Japon et Cuba : « Au Japon . . . . . . »

La France et le Brésil : « Au Brésil . . . . . . »

La France et le Japon : « Au Japon . . . . . . »

☐ *Orthographe* •

11. *Classez les mots suivants dans le tableau selon la prononciation de « x ».*

un exercice — un exemple — un taxi — un examen — c'est excellent — un klaxon — six — c'est exact — le Mexique — dix — la boxe — soixante — deuxième — il existe

x = [ks]	**x** = [gz]	**x** = [s]	**x** = [z]
. . . .	. . . .	. . . .	. . . .
. . . .	. . . .	. . . .	. . . .
. . . .	. . . .	. . . .	. . . .
. . . .	. . . .	. . . .	. . . .

12. *L'orthographe des adverbes en -ment.*

adjectif -ant → adverbe -amment
adjectif -ent → adverbe -emment
adjectif -e → adverbe -ement

Classez les adverbes que vous connaissez.

-ement	-emment	-amment
. . . .	. . . .	. . . .
. . . .	. . . .	. . . .
. . . .	. . . .	. . . .

13. *Orthographe des formes « on (+ négation) ».*
Complétez et lisez à voix haute.

- . . . . . . entend pas de bruit ici.
- . . . . . . arrivera à l'heure. . . . . . . est jamais en retard.
- . . . . . . en reparlera un autre jour.
- . . . . . . a plus d'argent. . . . . . . a tout dépensé.
- . . . . . . a acheté une maison et . . . . . . a vendu notre voiture.

14. *Écrivez les verbes à la forme qui convient.*

Nous *(apprendre)* le terrible accident, hier à la radio.

Demain les archéologues *(fouiller)* les bords de l'étang. Peut-être qu'ils *(découvrir)* quelque chose.

J'ai mis 2 heures pour aller au musée des Sciences et des Techniques. Je *(se tromper)* de direction.

Hier, les enfants *(se battre)*.

L'année dernière le chômage *(diminuer un peu)* mais les prix *(augmenter)*.

Je l'ai connue quand elle *(avoir 10 ans)*. Aujourd'hui, elle *(devenir)* une belle jeune fille.

☐ *Écrit* ••

15. *Lisez ce document et répondez.*

Sainte-Bazeille (Lot-et-Garonne)
découverte d'une statuette originale

La localité de Sainte-Bazeille (Lot-et-Garonne), située sur la bordure de la haute plaine qui domine de quelques mètres l'importante voie commerciale qu'était la Garonne, renferme dans son sol de nombreuses traces d'occupation des civilisations qui se sont succédé depuis le début de notre ère.

C'est en septembre 1979, au cours d'une fouille de sauvetage effectuée par le Comité d'Etudes Historiques et Archéologiques de Sainte-Bazeille en Bazadais au lieu-dit « Lestang », que les fouilleurs ont dégagé d'une couche d'incendie et de destruction d'un bâtiment gallo-romain une statuette en bronze.

L'objet, très oxydé, a été remarquablement nettoyé par Madame Derion, responsable du laboratoire technique de restauration du Musée d'Aquitaine à Bordeaux.

Un personnage énigmatique

- Quel objet a-t-on découvert ?
- Où ?
- Quand ?
- Dans quelles conditions ?
- Qui a découvert l'objet ?
  Où l'a-t-on apporté ?

Archéologia n° 142

16. *Imaginez ce qu'ils viennent de faire et ce qu'ils vont faire.*

- Jacqueline essaie une robe ...... « Elle vient de voir une magnifique robe dans la vitrine d'un magasin. Elle est entrée ...... »

- Ils ont mal aux jambes ...... « Ils viennent ...... »

- Pierre est en train de relire sa lettre ....

- Béatrice achète une magnifique voiture ....

- Le voleur est en train de mettre les bijoux dans son sac ....

17. *Lisez ces titres*

Dans quelle rubrique se trouvait chaque titre : politique intérieure, étranger, économie, faits divers, etc. ?

 **« Les Années 50 »
au Centre Pompidou**

De la littérature engagée au « nouveau roman »

Priorité à la formation

*Le nouveau ministre de la Coopération,
a présenté hier les grandes lignes de sa politique.*

Les industriels augmenteront de 9 % à 10 % leurs investissements

L'Insee confirme que les investissements augmenteront exceptionnellement vite cette année. Mais 1989 s'annonce moins brillante.

Brumes et retour du beau temps

16 morts, 150 disparus, 65 rescapés

Dramatique incendie d'une plate-forme

Une fuite de gaz à l'origine de la catastrophe la plus grave depuis le début de l'exploitation pétrolière en mer du Nord.

La sonde soviétique en route pour Mars

Phobos 1, un engin soviétique, a été lancé hier de la base de Baïkonour. Une autre sonde doit être lancée le 12 juillet vers la planète rouge.   (Page 9)

Avec l'aimable autorisation du journal *Le Figaro*
© Le Figaro 1988

18. *Lisez ce document électoral et classez les projets présentés dans le tableau.*

Conserver à notre pays des institutions solides et un exécutif stable, tout en favorisant le dialogue avec les élus, à tous les niveaux ; assurer le progrès économique et social, en défendant la monnaie, en veillant à ce qu'aucune catégorie sociale et professionnelle ne soit sacrifiée, en favorisant de meilleures relations humaines et professionnelles entre patrons et salariés ; moderniser l'Université, donner à notre jeunesse un avenir digne de sa légitime ambition, dans le respect de la liberté mais aussi de l'ordre ; maintenir notre indépendance au service de la paix et de la coopération entre nations. Tels sont les principes qui guideront mon action ; voilà le nouveau départ qu'il faut prendre.

Dans les jours tragiques de mai dernier, je crois avoir montré que j'étais l'homme de la paix civile, du refus d'abdiquer devant l'émeute et le complot, de la recherche inlassable de la justice. Tel je suis resté. Tel j'ai l'honneur de solliciter vos suffrages.

Georges POMPIDOU,
Tract pour les élections présidentielles de 1969.

Programme de politique intérieure			Politique étrangère
économie	social	éducation	

19. *Rédigez un commentaire des statistiques suivantes.*

● Évolution du chômage (en pourcentage de la population active).

	1980	1982	1984	1986
R.F.A.	3,1	6,1	8,5	7,8
Belgique	9	13,1	14	13
Danemark	7	11	10	8,5
Espagne	11,2	15,9	20,1	21,8
France		8	9,7	10,3
Grande-Bretagne	7,4	12,7	13,2	12
Italie	7,4	8,9	10,2	11
Japon	2	2,4	2,7	2,8
Suisse	0,2	0,4	1,1	0,5
U.S.A.	7	10,9	7,4	7

● Nombre de journées de grèves pour 1 000 travailleurs.

	1980	1984
R.F.A.	11	518
Belgique	143	0
Canada	1 746	1 012
Espagne	0	0

	1980	1984
France	174	165
Italie	1 622	778
Japon	46	16
Portugal	511	0

☐ *Oral* ....

20. *Comparez le passé, le présent et l'avenir.*

		voitures
Dans le passé, il y avait . . .	plus de...	avions
Aujourd'hui, il y a . . .	autant de...	mariages
Demain, il y aura . . .	moins de...	maladies
		étudiants à l'université
		sportifs

21. *Ils protestent. Jouez les scènes.*

22. *Êtes-vous pour ou contre ? Discutez !*

- Pour ou contre beaucoup de publicité à la télévision.
- Pour ou contre la vitesse limitée sur les autoroutes.
- Pour ou contre un changement de vos horaires de travail (ou de vos horaires scolaires).

❏ *Compléments* •••••••••••••••••••••••••••••••••••••

23. *Dans ce poème de Guillaume Apollinaire, relevez tous les mots (noms, verbes, adjectifs, adverbes) qui se rapportent au temps (ou à la durée).*

LE PONT MIRABEAU

Sous le pont Mirabeau coule la Seine
Et nos amours
Faut-il qu'il m'en souvienne
La joie venait toujours après la peine

Vienne la nuit sonne l'heure
Les jours s'en vont je demeure

Les mains dans les mains restons face à face
Tandis que sous
Le pont de nos bras passe
Des éternels regards l'onde si lasse

Vienne la nuit sonne l'heure
Les jours s'en vont je demeure

L'amour s'en va comme cette eau courante
L'amour s'en va
Comme la vie est lente
Et comme l'espérance est violente

Vienne la nuit sonne l'heure
Les jours s'en vont je demeure

Passent les jours et passent les semaines
Ni temps passé
Ni les amours reviennent
Sous le pont Mirabeau coule la Seine

Vienne la nuit sonne l'heure
Les jours s'en vont je demeure

Guillaume APOLLINAIRE

□ *Vocabulaire* ··································

1. *Dans chaque liste, cherchez l'animal intrus.*

Ⓐ	Ⓑ	Ⓒ
un lapin	une poule	un bœuf
un canard	un poisson	un chien
un oiseau	un oiseau	une chèvre
une mouche	un chat	un canard
un moustique	un serpent	un lapin

2. *Reliez les éléments géographiques aux noms propres. Formez l'expression.*

Ex. : *Les montagnes des Pyrénées*

montagne   Landes
colline   Kwaï
vallée   Beauce
plaine   Pacifique
fleuve   Noire
rivière   Rouge
mer   Morte
océan   Rome
lac   Pyrénées
forêt   Genève

3. *Trouvez les mots homonymes.* **(Ils se prononcent de la même manière mais ont des orthographes différentes.)**

Trouvez un homonyme aux mots suivants :

un balai . . . . . .   la fin . . . . . .
une date . . . . . .   (il) joue . . . . . .
dans . . . . . .

4. *Complétez* (voir vocabulaire en p. 187 du livre).

(Robert est né dans les Cévennes, région de montagnes au nord de Montpellier. Il a quitté sa région depuis 20 ans. Il vient d'y retourner.)

« Je ne reconnais plus les Cévennes. La région a beaucoup . . . . Il n'y a plus de cultures.

Les agriculteurs ont . . . . . . leurs fermes et sont allés travailler à la ville. Des incendies ont

. . . . . . des forêts. Des Parisiens et des étrangers (Belges, Hollandais, Allemands) ont acheté

les vieilles fermes et viennent y passer leurs vacances et le tourisme s'est . . . . Les

traditions et le folklore disparaissent.

5. *Quel sentiment éprouvent-ils ? Complétez avec :* **heureux / content / satisfait ; malheureux / triste / déçu.** *Justifiez votre choix.*

Il pensait réussir à son examen, mais il a échoué. Il est . . . .

Son père et sa mère sont morts dans un accident. Il est . . . .

Il aime sa femme. Sa femme l'aime. Il est . . . .

Il a reçu un joli cadeau pour son anniversaire. Il est . . . .

Mme Dupuis-Moreau vient de finir un roman de 300 pages. Elle est . . . .

Personne ne viendra voir Jacques aujourd'hui. Il va rester seul. Il est . . . .

6. *Vous devez connaître les verbes correspondant aux noms suivants. Écrivez-les.*

une attente : attendre	une course	un commencement . . . . . .
un apprentissage :	une descente	une fin . . . . . .
une blessure :	un espoir	une connaissance . . . . . .
un changement :	une fondation	une correction . . . . . .
une recherche :	une importation	un bavardage . . . . . .
un choix :	un mélange	un achat . . . . . .
une permission	une réparation	

❏ *Grammaire* •

7. *Transformez la phrase pour mettre en valeur le mot souligné.*

Exemple : En France, je préfère la Bretagne. →
En France, c'est la Bretagne que je préfère.

La guerre a détruit ces maisons.

Il faut développer les industries.

Les habitants ont changé.

M. Dupré construit la maison.

Il y a deux cinémas dans cette rue.

8. *Continuez leur discours. Imaginez les conséquences qu'ils énoncent.*

- **Le père** *(à son fils)* :

  « Mon fils, si tu passes ton temps à t'amuser ...... »

- **La locataire** *(au propriétaire)* :

  « Monsieur, si vous ne faites pas réparer le toit de la maison ...... »

- **Le garagiste** *(à la propriétaire d'une vieille voiture)* :

  « Madame, si vous ne faites pas changer le moteur de votre voiture ...... »

- **L'agriculteur** *(à un ami)* :

  « Si tu n'arroses pas souvent ton jardin ...... »

- **Le maire** *(au président de la région)* :

  « Si nous ne développons pas notre région ...... »

9. *Continuez leur discours. Imaginez les conditions qu'ils énoncent.*

- *Conseils à un monsieur un peu gros* :

  « Tu perdras du poids si ...... »

- *Conseils à une jeune fille timide* :

  « Vous rencontrerez l'homme de votre vie si ...... »

- *Conseils à un Premier ministre qui veut devenir Président* :

  « Vous serez Président de la République si ...... »

- *Conseils à un jeune chanteur qui veut devenir célèbre* :

  « Tu seras célèbre si ...... »

- *Conseils à vous-même* :

  « Je serai heureux si ...... »

10. *Complétez avec qui, que, où.*

La Camargue est une région ...... des chevaux et des taureaux vivent en liberté.

La Bourgogne est une région ...... produit du vin.

Connaissez-vous une autre région ...... les agriculteurs cultivent la vigne ?

L'homme ...... parle est le maire de Saint-Sauveur.

Le restaurant ...... je vais vous indiquer est bon marché.

C'est le soleil ...... attire les touristes.

11. *Reliez les deux phrases en utilisant un pronom relatif.*

J'ai vu un film de Truffaut. Il m'a beaucoup plu.
J'ai trouvé le dictionnaire de français. Je le cherchais depuis longtemps.
Le ministre a présenté un projet. Ce projet plaira aux chefs d'entreprises.
L'Opéra est une très belle salle de spectacle. J'y vais souvent.
Le feu a détruit cette forêt. Je l'adorais.
J'ai oublié le nom de ce restaurant. Nous nous y sommes rencontrés.

12. *Caractérisez avec une proposition relative. Transformez selon le modèle.*

- une femme bien habillée → *une femme qui porte de beaux vêtements.*

- un garçon aux yeux bleus
- une femme au chômage
- un bon musicien
- un travailleur immigré
- un couteau à pain

☐ *Orthographe* ••

13. *Classez les mots suivants selon la prononciation de « ill ».*

la ville — une fille — une feuille — un millier — la famille —
un million — il se réveille — tranquille.

ill = [j]	ill = [il]
....	....
....	....
....	....

14. *Mettez le participe passé au masculin ou au féminin.*

Exemple : C'est la ferme que tu as achetée.

C'est le bâtiment qu'il a *(vendre).*
C'est la ville qu'il a *(construire).*
C'est la région qu'il a *(préférer).*
C'est le vin que vous avez *(produire)* ?
C'est la plage que le maire a *(aménager).*

15. *Transformez les phrases en mettant le mot souligné au pluriel.*

C'est le fermier que j'ai vu hier → Ce sont les fermiers ......
C'est la propriété que ses grands-parents ont vendue → ......
C'est l'arbre que vous avez planté → ......
C'est le livre que tu as acheté → ......
C'est la maison qu'il a visitée → ......
C'est l'amie que tu as invitée → ......

□ *Écrit* ●●●

16. *Vous êtes journaliste. Vous avez suivi la réunion à la mairie de Saint-Sauveur (texte B p. 184 du livre). Rédigez un article d'information.*

17. Observez le document.

- *Relevez les secteurs de l'industrie qui sont présentés. Est-ce que vous en connaissez d'autres ?*
- *Combien de fois les pays suivants arrivent-ils en tête ?*
    les USA
    le Japon
    la France
- *Dans quels secteurs la France est-elle le mieux placée ?*
- *Quels secteurs doit-elle développer ?*

L'Événement du Jeudi - 7 au 13 juillet 1988

18. *Imaginez un document publicitaire sur la Côte d'Azur.*
    Utilisez les informations de la page ci-contre.
    Utilisez les photos pour illustrer votre document.

LA CÔTE D'AZUR

- **Le paysage** :
  → la côte : rocheuse — petites plages dans les criques.
  → l'arrière-pays : très contrasté — montagnes *(2 000 m à quelques kilomètres de Nice)* — villages perchés sur les collines — forêts — montagnes désertiques.

- **Le climat** : doux en hiver. Chaud en été. Ensoleillé presque toute l'année. C'est le meilleur climat de France.

- **La vie quotidienne** :
  — ports de pêche pittoresques.

— marchés très animés et colorés *(en particulier le marché aux fleurs)*.

- **La table** :
  — poissons et coquillages — bouillabaisse.
  — aïoli *(sorte de mayonnaise à l'ail)*.
  — olives.
  — vin rosé de Provence.

- **Le passé** :
  — vestiges gallo-romains.
  — abbayes romanes.

- **Les festivals** :
  — festival de Cannes *(festival international de cinéma)*.
  — festival d'Aix-en-Provence *(Opéras de Mozart — musique classique)*.

☐ *Oral* ··

19. ***Continuez la chaîne des conséquences et des conditions.***

« Si tu travailles, tu réussiras à ton examen.
Si tu réussis à ton examen, tu trouveras un bon emploi.
Si tu trouves un bon emploi, ... »

20. ***Décrivez ces paysages. Lequel préféreriez-vous voir de votre fenêtre ?***

21. ***Ils font des promesses. Jouez les scènes.***

a) Des amis vous prêtent leur appartement pour les vacances. Vous leur promettez . . . .
b) Votre sœur et votre beau-frère vous confient leur enfant de 5 ans pendant une journée.
c) Il part en voyage.
　　Qu'est-ce qu'il promet ?
　　Que lui promettent sa femme, ses enfants ?

22. *La Provence est une région qui a conservé beaucoup de traditions. En voici quelques-unes.*

● **Le jeu de boules**. On lance les boules (métalliques) pour s'approcher le plus près possible du « bouchon » ou pour enlever la boule de l'adversaire.

● **Les courses de taureaux**. On doit décrocher un ruban fixé sur la corne du taureau.

● **La crèche de Noël**. Des statuettes représentent les personnages de la Nativité dans le cadre d'un village provençal.

Pour le repas du réveillon, on doit présenter 13 desserts aux invités.

Présentez les traditions de votre pays ou des pays que vous connaissez.

❏ *Compléments* •••••••••••••••••••••••••••••••••••

23. *Connaissez-vous le langage des fleurs ?*

Quand on offre une rose cela veut dire « vous êtes belle et je vous aime ».

Quel message veut-on transmettre quand on offre...

une violette
(amour caché)

un glaïeul
(indifférence)

une marguerite
(fidélité)

une jonquille
(désir)

un iris
(message)

un myosotis
(ne m'oubliez pas)

24. Dans cette chanson, Jacques Brel évoque Bruxelles au début du siècle.

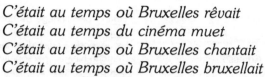

BRUXELLES

C'était au temps où Bruxelles rêvait
C'était au temps du cinéma muet
C'était au temps où Bruxelles chantait
C'était au temps où Bruxelles bruxellait

Place de Broukère on voyait des vitrines
Avec des hommes des femmes en crinoline[1]
Place de Broukère on voyait l'omnibus[2]
Avec des femmes des messieurs en gibus[3]
Et sur l'impériale[4]
Le cœur dans les étoiles
Il y avait mon grand-père
Il y avait ma grand-mère
Il était militaire
Elle était fonctionnaire
Il pensait pas elle pensait rien
Et on voudrait que je sois malin

C'était au temps où Bruxelles chantait
C'était au temps du cinéma muet
C'était au temps où Bruxelles rêvait
C'était au temps où Bruxelles bruxellait

© *By Nouvelles Éditions Musicales*
Caravelle S.A., Paris

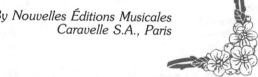

(1) crinoline : robe ample des années 1900.
(2) omnibus : ce mot a donné « bus ».
(3) gibus : chapeau haut de forme.
(4) impériale : le toit de l'autobus. Les voyageurs pouvaient s'y
asseoir.

SOLUTIONS

Vous trouverez ici les réponses à tous les exercices
qui ne demandent pas de formuler des idées personnelles.

UNITÉ 1 - Leçon 1

Ex. 2 : Nom - Prénom - Profession - Adresse

Ex. 3 : Mouffetard (ce n'est pas un prénom)
Accident (ce n'est pas une voie de communication)
Merci (ce n'est pas une salutation)
Étudiant (ce n'est pas une profession)

Ex. 4 : H : sept - dix - neuf - un - six - huit
V : trois - cinq - deux - trois

Ex. 5 : aux États-Unis - au Portugal - aux Antilles - au Sénégal - au Maroc

Ex. 6 : en Espagne - au Mexique - en Angleterre - en Allemagne - au Japon - en Italie - aux États-Unis

Ex. 7 : • étudiante - française
• allemand - chanteur
• musicienne - espagnole
• américain - acteur

Ex. 8 : Vous êtes chanteur ?... Vous chantez à l'Olympia ?
• Tu es française ?... Tu habites à Paris ?
• Vous connaissez la France ?
• Tu connais Paris ?... Vous connaissez ?

Ex. 9 : USA : United States of America
RFA : République Fédérale Allemande
SOS : appel au secours (en morse : .../___/...)
URSS : Union des Républiques Socialistes et Soviétiques.

Ex. 11 : Boulevard - Avenue - Nicolas - Rue - Mouffetard - Tu habites rue de Rennes.

Ex. 12 : an : chanteur - Roman
en : rencontre - Florentini
amp(s) : Champs-Élysées
and : Legrand - Roland
ent : accident - comment

Ex. 13 : Paris - toi - accident - avenue - Nicolas - moi - ça va, etc.

Ex. 14 : Mai - je connais - Legrand.

Ex. 15 : Allemagne : quatre - Italie : deux
Espagne : sept - Suède : cinq
France : trois - Belgique : trois
Angleterre : huit - Grèce : six

Ex. 23 : Personnages : Victor Hugo (écrivain) - Charles de Gaulle (homme d'État) - Pasteur (biologiste) - Émile Zola (écrivain) - Racine (écrivain) - Pigalle (sculpteur) - Mozart (musicien) - Hector Berlioz (musicien).
Saint Michel (archange biblique) - Monsieur le Prince (frère du roi).
Lieux : Italie - Rome.

Ex. 24 : On reconnaîtra :
Shakespeare : écrivain anglais
Don Quichotte : personnage de roman espagnol
R. Reagan : ancien président américain
Gagarine : astronaute soviétique

Tintin : personnage de bandes dessinées (Belge)
Maria Callas : chanteuse grecque
La Joconde : sujet d'un tableau italien
Blanche-Neige : personnage de conte allemand
Cléopâtre : reine d'Égypte
Brigitte Bardot : actrice française.

UNITÉ 1 - Leçon 2

Ex. 1 : H : mai - novembre - juin
V : janvier - avril - mars - août

Ex. 2 : H : samedi - mardi - vendredi - dimanche - jeudi
V : lundi - mercredi

Ex. 3 : le seize juin - le vingt-cinq décembre - le quatorze mars - le vingt-huit novembre - le trente-et-un janvier.

Ex. 4 : 1 : cahier - 2 : cadeau - 3 : journal -
4 : accident - 5 : enfant - 6 : livre.
Nom : Isabelle ADJANI.

Ex. 5 : Il lit... Roland écoute... Il ne travaille pas... Elle regarde... Je ne comprends pas...

Ex. 6 : Jacques ne travaille pas.
Stéphane n'écoute pas de disques.
Valérie ne connaît pas Nicolas.
Jimmy ne comprend pas bien.

Ex. 7 : la France - le Brésil - l'Argentine - la Hollande l'Australie - la Suisse - les États-Unis.

Ex. 8 : Sylvie travaille à Paris ? - Non, elle ne travaille pas à Paris.
Pierre écoute des disques ? - Non, il n'écoute pas de disques.
Sophie regarde des photos ? - Non, elle ne regarde pas de photos.
Adrien connaît la rue du cinéma Rex ? - Non, il ne connaît pas la rue du cinéma Rex.

Ex. 9 : b) Je voudrais lire « Guerre et Paix » de Tolstoï.
c) Je voudrais écouter un disque.
d) Je voudrais chanter à l'Olympia.

Ex. 10 : Je voudrais connaître... le nom de l'actrice / le prénom de Mlle Florentini / la nationalité de Sophie Roman / la profession de Catherine Deneuve.

Ex. 11 : Stéphane Lacroix n'est pas musicien. Il est médecin.
Sylvie Viala n'est pas secrétaire. Elle est journaliste.
Madame Delors n'est pas infirmière. Elle est professeur.
Monsieur Roubin n'est pas mécanicien. Il est infirmier.

Ex. 12 : Qu'est-ce que c'est ?... Qui est-ce ?... Qui est-ce ?... Qu'est-ce que c'est ?

Ex. 13 : on : bonjour - rencontre - Japon - non - bonsoir garçon
om : nombre - nom - prénom - comprendre.

Ex. 14 : an : Roland - enfant - dimanche - quarante
am : Champs-Élysées
en : appartement - comprendre - enfant - vendredi - trente
em : décembre - novembre - septembre.

Ex. 15 : c = [k] : Nicolas - cadeau - spectatrice - connaître - cahier - mercredi - octobre - excusez-moi
c = [s] : cinq - spectatrice - cinéma - c'est - ce
c = [k] devant a, o, u   c = [s] devant e, i

Ex. 16 : Nicolas est un artiste - C'est une spectatrice ?
Vous êtes très amis ? - C'est une photo des enfants.

Ex. 17 : Il chante... en septembre - Elle comprend l'anglais - Il travaille avec une jolie fille - Je connais une bonne secrétaire.

Ex. 18 :

Vous travaillez...	J'habite...
Tu connais...	Tu lis...
Il voudrait...	Je voudrais...
Tu comprends...	Elle ne comprend pas...

Ex. 21 : Charlie Chaplin - Zorro - J.R. (personnage du feuilleton Dallas).

Ex. 24 : a) Sofia - b) Mitterrand (en 1989) - c) Victor Hugo - d) Notre-Dame - e) Louis de Funès - f) Belge - g) Le Monde, Le Figaro, Libération - h) 14 juillet - i) Gustave Eiffel - j) médecin

Ex. 26 : On reconnaîtra :
- Pochette de disque de Jacques Brel (chanteur belge).
- Couverture de Madame Bovary, roman de Gustave Flaubert.
- Couverture du Grand Meaulnes, roman d'Alain-Fournier.
- Affiche du film Jean de Florette, avec Yves Montand, Gérard Depardieu, Daniel Auteuil. Ce film est tiré d'un roman de Marcel Pagnol.

UNITÉ 1 - Leçon 3

Ex. 1 : il joue au football - elle joue du piano - elle écrit un roman - il pratique la natation - il écrit une chanson.

Ex. 2 : faire de la danse (danser) - faire du ski (skier) faire des voyages (voyager) - faire du saut (sauter) faire du chant (chanter) - faire du patin (patiner).

Ex. 3 : Font-Romeu : tennis - ski - cheval (équitation) - marche
Saint-Malo : voile - natation - pêche - tennis - promenades
Le Lude : équitation - natation - tennis - golf - canoë.

Ex. 5 : en France... à Paris... chez des amis
au concert... à l'opéra
à la campagne... en Normandie.

Ex. 6 : Nicolas va à l'Olympia - Sylvie va chez Valérie Roland va au théâtre des Champs-Élysées - Valérie va à la mer - Annie va en Espagne.

Ex. 7 : • Est-ce que Julie aime le jazz ? - Non, elle n'aime pas le jazz. Elle aime la musique classique.
• Est-ce que Marc préfère la mer ? - Non, il ne préfère pas la mer. Il préfère la montagne.
• Est-ce qu'André adore le sport ? - Non, il n'adore pas le sport. Il adore le cinéma.

Ex. 8 : Il déteste le café / travailler / la musique classique
Elle adore la mer / le sport / voyager
Elle aime le tennis / le football / écouter des disques / les voyages
Elle aime skier / la montagne / danser / l'opéra.

Ex. 9 : • ... il y a des cinémas... adore le cinéma... il va beaucoup au cinéma
• Jacques a une amie... à l'ambassade d'Espagne
• Sylvie connaît un chanteur... C'est un ami de Roland... à l'Opéra.

Ex. 10 : Je fais... Tu vas... Tu restes... On va... On fait... Tu fais... Tu aimes... Vous allez...

Ex. 12 : Il aime écouter les disques de Piaf.
J'adore jouer au tennis.
Elle n'aime pas aller au théâtre.
Il n'aime pas aller au restaurant.

Ex. 13 : J'ai... Tu as... Vous avez... On a... Nicolas a...

Ex. 14 : Il y a un concert... à la cathédrale
Je préfère rester à Paris...
Tu as le programme...
Il y a... à la salle Pleyel
Jacques a un billet...

Ex. 15 : fatiguée - désolée - jolie - amusante - bonne - différente

Ex. 16 : J'aime voyager... Vous aimez voyager.
Vous venez... Je préfère rester...
Vous allez chanter...

Ex. 17 :
- é : fatigué - vous préférez - le théâtre, etc.
- er : rester - danser, etc.
- ez : vous allez, etc.
- è : discothèque - très - je préfère
- ê : vous êtes
- ai : on fait - je connais - un portrait
- et : projet

UNITÉ 1 - Leçon 4

Ex. 1 : Huit heures vingt / Neuf heures / Dix heures trente - Dix heures et demie / Douze heures - Midi / Zéro heure - Minuit / Seize heures dix-huit - Quatre heures dix-huit / Onze heures quarante-cinq - Midi moins le quart / Vingt heures cinquante-sept - Neuf heures moins trois.

Ex. 2 : Elle est en avance / Il est en retard / Il est à l'heure / Il est en avance / Elle est en retard.

Ex. 3 : Vous connaissez l'Angleterre / Vous savez danser... Je ne sais pas... Je sais danser le rock / Tu connais des chansons... / Tu connais l'amie... Je sais comment il s'appelle.

Ex. 4 : un bon film / un bon professeur... il travaille bien / Roland ne danse pas bien... un bon danseur / je connais un bon restaurant.

Ex. 5 : ... à 20 h / Le mécanicien commence à travailler... Il finit de travailler... / Je finis de déjeuner... / ...Il commence à chanter à 9 h.

Ex. 6 : J'ai des amis / Je n'ai pas d'amis chinois / Je ne connais pas de journalistes / J'aime les romans / Je n'écris pas de chansons.

Ex. 7 : Apprenez à danser ! / Téléphone à un médecin ! / Arrivez à l'heure ! / Lis les romans de Flaubert ! / Ne vas pas au cinéma Rex !

Ex. 8 : Aimez-vous les pièces de Molière ? / Déjeune-t-elle avec nous ? / Vas-tu en Italie ? / Sylvie est-elle médecin ? / Nicolas part-il en tournée ?

Ex. 9 : • Je voudrais (je veux) aller en vacances... J'apprends...
• Vous venez dîner chez moi... Je ne peux pas. Je ne suis pas libre.
• Annie voudrait (veut) aller au théâtre. Mais elle ne peut pas... La pièce commence... Annie sort...

Ex. 10 : o : discothèque - stylo - opéra - horaire, etc.
ô : hôpital - hôtel
au : restaurant - mauvais - faux - au
eau : Beaulieu - beaucoup - cadeau.

Ex. 11 : J'ai rendez-vous avec une amie devant le musée. Je suis d'accord pour aller dîner avec elle.

Ex. 12 : bon / amusante - jolie - mauvaise / fatiguée / gentil / désolée.

Ex. 18 : 1 : restaurant - 2 : danseur - 3 : discothèque
4 : midi - 5 : montre - 6 : entrer.
On peut lire verticalement : RACINE.

UNITÉ 1 - Leçon 5

Ex. 3 : Quatre-vingt-cinq francs / Mille deux cent trois francs / Cinq mille trois cent quatre-vingt-dix-huit francs / Quinze mille six cent soixante-treize francs

Ex. 4 : 1914 (début de la 1re Guerre mondiale)
1789 (début de la Révolution française)
1992 (unification de l'Europe)
842 (serment de Strasbourg entre les deux fils de Charlemagne. C'est le premier texte connu écrit en langue française).

Ex. 5 : Non, je ne connais pas l'Opéra.
Si, je connais Paris.
Non, je ne veux pas danser.
Si, je sais danser.

Ex. 6 : Tu veux venir au concert ? - Tu connais le programme ?... Tu aimes la musique classique ?... Et toi ?... Tu as des vieux disques ?...

Ex. 7 : Peter et Karl habitent... Ils sont... Ils ont... Ils partent... Ils vont... Ils savent... Ils comprennent... Ils veulent...

Ex. 8 : Nicolas et Roland habitent à Paris / rencontrent des amis / sont musiciens.
Vous avez vingt ans / comprenez l'explication / répondez aux questions.
Nous voulons voyager / étudions le français / lisons de bons romans.

Ex. 9 : Quelle heure est-il ? Quels disques écoutez-vous ? / Quel film préférez-vous ?
Quelle ville habitez-vous ? Quelles actrices aimez-vous ?

Ex. 10 : Quel sport / jour / restaurant / pays préfères-tu ?
Quel pays habitez-vous ?
Quelle heure est-il ?
Quel jour êtes-vous libre ?

Ex. 11 : Nous restons à Paris... / Nicolas dit bonjour...
Vous avez quel âge ? / ... Ils répondent...
Nous ne regardons pas... / Elles ne savent pas...

Ex. 12 : Julie est une grande jeune femme, belle, blonde, souriante et sympathique... Elle est intelligente, courageuse et amusante... Grégoire... un petit homme vieux, laid, ennuyeux et gros...

Ex. 13 : a) Jacques est un grand jeune homme beau, blond, souriant et sympathique.
Il est intelligent, courageux et amusant... Berthe... une petite femme vieille, laide, ennuyeuse et grosse...
b) Marie et François sont des jeunes gens grands, beaux, souriants et sympathiques.
Ils sont intelligents, courageux et amusants.

Ex. 14 : (s) : ensemble - je suis - chanson - sympathique...
(ss) : passer - passion - intéressant - laisser...
(c) : enfance - cinéma - concert - commencer...
(ç) : garçon - ça...
(x) : six - dix...
(t) : information...

Ex. 15 : rousse - soixante - sympathique - garçon
monsieur - cent - médecin - danseuse - actrice

Ex. 16 : (s) : musique - chanteuse - enthousiaste - amusant - musée...
(z) : treize - zéro - onze - jazz...

Ex. 17 : onze - courageuse / lisez - ennuyeuses / mademoiselle - zéro - conjugaison - anglaise - excuse.

Ex. 22 : Jeanne d'Arc (1412-1431)
Charles de Gaulle (1890-1970)
Louis XIV (1638-1715)
Jules Verne (1828-1905)
Charlemagne (742-814)
Victor Hugo (1802-1885)
Napoléon Ier (1769-1821)
Voltaire (1694-1778).

UNITÉ 2 - Leçon 1

Ex. 1 : derrière - devant - sur - au-dessus de - à côté de - entre - au bord du - sous.

Ex. 4 : 1 : studio - 2 : ancien - 3 : lit - 4 : chaises - 5 : locataire - 6 : poste - 7 : toit - 8 : isolé - 9 : dix.
On lit verticalement DELACROIX.

Ex. 5 : M. Lavigne vend... / M. et Mme Martin achètent... Ils voient... / Vous vendez... / Non, ce bâtiment n'est pas à vendre. Je loue...

Ex. 6 : ces annonces... cet appartement... cette maison... cette annonce... cette adresse... cette photo... cette fille brune... ce jeune garçon...

Ex. 7 : • J'ai une maison... Cette maison...
• Nous attendons des amis. Ces amis...
• Est-ce que cette maison est à vendre ? Je cherche une maison...
• Rome est une ville magnifique... dans cette ville
• Écoute ce disque. Ce sont des chansons...
• Regarde cet homme... C'est un présentateur...

Ex. 8 : pp : s'appeler - apprendre - appétit
mm : programme - commencer - comment...
ll : belle - je m'appelle - allemand...

tt : attendre...

nn : bonne - musicienne - connaître...

Ex. 9 : s : au-dessus - près - temps...

t : appartement - endroit - bâtiment...

d : bord - Roland...

Ex. 10 : médecin - américain - sympathique / demain - jardin / écrivain - intéressants / maintenant - vingt-cinq / marocain - Quartier latin.

Ex. 11 : Dans un immeuble ancien, il y a un bel appartement... / La cuisine est grande, les chambres sont claires et calmes. La première chambre est très grande. Les deux autres sont petites mais agréables.

Ex. 18 : Dans l'ordre, de gauche à droite et de haut en bas : maison moderne (Le Corbusier) - maison romaine (Pompei) - maison de Gordes, construction préhistorique - façade de l'hôtel de Soubise (XVIIe).

Ex. 19 : les livres - le tableau - la valise - la porte - le tapis - les chaises - le vase.

UNITÉ 2 - Leçon 2

Ex. 1 : • les tomates - les haricots - la banane - les pommes de terre - les petits pois (mot intrus : banane)

• le bœuf - le pain - l'agneau - le veau - le poulet (mot intrus : pain)

• le vin - le café - le thé - l'eau - le jus d'orange (mot intrus : vin)

• Le toit - la fenêtre - le mur - le port - l'escalier (mot intrus : port).

Ex. 2 : Yves prend du vin, du poisson, des frites, du fromage. Il ne prend pas de glace. Il ne prend pas de café.

Martine prend du poisson, de la glace, de l'eau, du café. Elle ne prend pas de vin. Elle ne prend pas de frites.

Ex. 4 : Il ne boit pas de vin / ... nous prenons du café au lait / ils choisissent de la soupe de poisson / Appelle Didier ! / Elle a faim / Ils commandent le repas.

Ex. 7 : Helmut, veux-tu du poulet ? - Oui, j'aime le poulet. Sarah, veux-tu de la salade ? - Non, je n'aime pas la salade.

Carlos, veux-tu des fruits ? - Non, je n'aime pas les fruits. Marilyn et Anna, voulez-vous du steak ? - Oui, nous aimons la viande.

Ex. 8 : Je voudrais du café - J'aime le café / J'aime bien le fromage - Est-ce qu'il y a du fromage ? / Le thé est prêt - Est-ce que vous voulez du thé ? / Il aime bien les tartes aux pommes mais il préfère les tartes au citron / J'ai de la bière... Tu veux boire une (de la) bière ?

Ex. 9 : un peu de vin... un peu d'eau / quelques frites... un peu de salade / un morceau de (un peu de) gâteau... un peu de glace / un petit morceau de fromage.

Ex. 10 : ce matin / ce soir / cette nuit / ce matin / cet après-midi.

Ex. 11 : • Aimez-vous le poisson ?

— Oui, j'aime le poisson.

— Moi aussi.

• Prenez-vous de la glace ?

— Non, je ne prends pas de glace.

— Moi non plus.

• Aimez-vous le théâtre ?

— Oui, j'aime le théâtre.

— Moi aussi.

• Buvez-vous du thé ?

— Oui, je bois du thé.

— Moi, non.

• Mangez-vous des escargots ?

— Non, je ne mange pas d'escargots.

— Moi, si (Moi oui).

• Allez-vous à la campagne ?

— Non, je ne vais pas à la campagne.

— Moi, si (Moi oui).

Ex. 12 : Les enfants vont jouer au football. Elle prépare des frites pour le dîner. Les livres de l'étudiant sont dans la bibliothèque.

Ex. 13 : g : intelligent - courageux - gentil - un mariage...

j : joli - déjeuner - journaliste...

Ex. 14 : [ʒ] voyage - régime - mange - grange

[g] Portugal - escargots - grange - grande - dialogues - garçon - guitare

g+a,o,u,r= [g]

g+e,i= [ʒ]

Ex. 15 : Ces tableaux ont cent ans / Ces gâteaux sont excellents / Il y a des cheveux... / Vous connaissez les nouveaux disques... / Ces cadeaux sont très beaux.

UNITÉ 2 - Leçon 3

Ex. 2 : Il descend au 1er étage... / Elle monte au dernier étage... / Il va monter sur le toit / Nous descendons sur la Côte d'Azur / Ils montent à Paris...

Ex. 3 : A-5 ; B-1 ; C-4 ; D-2 ; E-3.

Ex. 4 : Le matin je me lève... / Nous nous couchons... / Tu te réveilles... / ...nous aimons nous reposer... / ... Je me lave, je m'habille... / Ils travaillent tard et se lèvent tôt. Ils ne dorment pas beaucoup.

Ex. 6 : • Non, je ne me couche pas tard.

• Oui, il se réveille tôt.

• Non, je n'aime pas me laver à l'eau froide.

• Non, elle ne s'habille pas à la mode.

• Oui, je me repose après le déjeuner.

Ex. 7 : • Moi, je n'entends rien.

• Tu connais quelqu'un dans cette ville.

• Vous voulez manger quelque chose.

• Non, merci, je ne veux rien manger.

• Non, je ne vois rien.

• Tu cherches quelque chose.

• Vous voulez parler à quelqu'un.

Ex. 8 : ton adresse... son nom... mon dictionnaire... ses chansons... son petit déjeuner.

Ex. 9 : i : avion - bière - délicieux - ancien - vieux

y : bruyant - pays - ennuyeux

ill : fille - juillet - il se réveille - billet.

Ex. 10 : Vous avez faim ? Prenez encore quelques escargots.

Nous aimons nous coucher tôt. Nous avons sommeil.

Tes autres outils sont près des arbres.

Mes amis entendent des bruits. Ils ont peur.

Ex. 11 : • Cette glace est délicieuse / ces fruits sont délicieux / ces oranges sont délicieuses.
• Ces films sont ennuyeux / cette dame est ennuyeuse / ces histoires sont ennuyeuses.
• Cette maison est ancienne / ces photos sont anciennes / ces livres sont anciens.
• Ces pommes de terre sont mauvaises / ces haricots sont mauvais / cette viande est mauvaise.

Ex. 12 : ... on entend... / Elle part... Elle prend... / il choisit... il ne boit pas... / M. Lavigne vend... / ... il voit...

UNITÉ 2 - Leçon 4

Ex. 1 : Horizontalement : chemise - pantalon - manteau - robe.
Verticalement : cravate - veste - ceinture - jupe.

Ex. 6 : portefeuille (cuir, plastique) - rideau (velours, coton, plastique pour la douche)
ceinture (cuir, etc.) - table (bois, fer, verre, marbre) - montre (or, argent)
statue (pierre, marbre, etc.).

Ex. 7 : Ce sont mes outils / ce sont ses photos / c'est son stylo / c'est ma lampe / c'est ton livre.

Ex. 8 : • notre (ma, sa, leur) maison de campagne... notre (mon, son, leur) jardin est agréable et nos (mes, ses, leurs) voisins...
• vos papiers... votre passeport...
• leur voiture...

Ex. 9 : leurs livres / ma (notre) maison / leur villa / son manteau / leurs vêtements.

Ex. 10 : C'est son magasin. Il est à elle.
Ce sont ses chaussures. Elles sont à lui.
C'est leur maison. Elle est à eux.
Ce sont leurs enfants. Ils sont à eux.
C'est sa montre. Elle est à lui.

Ex. 11 : Julien mesure 1,70 m. Et vous, combien vous mesurez ?
Le veau coûte 80 F le kilo. Ce morceau pèse 800 g.
Ces cahiers coûtent 8 F pièce.
Ces chaussures coûtent 300 F.

Ex. 12 : Combien coûte ce poulet ? / Combien coûtent ces oranges ? / Combien mesure ta chambre ? / Combien pèse ce rôti ? / Combien pèsent ces carottes ?

Ex. 13 : [j] fille - taille - portefeuille
[l] ville - Gilles - mille - belle - ville - tranquille.

Ex. 14 : • ... vous payez ... nous payons...
• Tu mets...
• Voulez-vous essayer... j'essaie... je ne comprends pas bien...
• Mettez...
• Elles essaient...

Ex. 15 : Tous les jours... tous les journaux / Il lit tous les faits divers / ...tout l'immeuble / Tous mes amis... / Est-ce que vos amis habitent tous... / ... toute la journée.

Ex. 17 : Espagnol : oui - non - oui - oui - non - oui
Chinois : non - non - oui - non - non - oui

UNITÉ 2 - Leçon 5

Ex. 1 : • l'assiette - le verre - le couloir - la fourchette - la bouteille (intrus : couloir)
• le savon - le dentifrice - le lavabo - le doute - la serviette (intrus : doute)
• le beurre - la farine - le fromage - le lait - le yaourt (intrus : farine)
• la viande - le sel - le poivre - l'huile - la moutarde (intrus : viande).

Ex. 3 : • salade de tomates (tomates, huile, vinaigre, sel, poivre, moutarde)
• soupe de légumes (pommes de terre, carottes, poireaux, eau, sel, huile)
• œuf au bacon (beurre ou huile, bacon, œufs)
• gâteau (lait, farine, beurre, œufs, chocolat, ...).

Ex. 5 : Tu peux verser / ...il faut couper... / ... Tu peux ajouter... / ... vous devez bien mélanger... / ... sans casser d'œufs.

Ex. 6 : N'ajoutez pas de lait ! / Attends un quart d'heure ! / Payons en liquide !
Ne pars pas en retard ! / Levez-vous tôt ! / Ne t'assieds pas ici !
Préparons-nous vite ! / Ne vous dépêchez pas !

Ex. 7 : Tu dois te lever, te laver, boire ton café au lait.
Tu ne dois pas mettre ta veste ! Tu dois mettre ton blouson.
Tu dois te dépêcher. Tu dois arriver à l'heure. Tu ne dois pas bavarder en chemin.

Ex. 8 : Il faut te lever, te laver, boire ton café au lait.
Il ne faut pas mettre ta veste. Il faut mettre ton blouson.
Il faut te dépêcher, arriver à l'heure. Il ne faut pas bavarder...

Ex. 9 : Il lave sa chemise / Pierre se lave dans la salle de bains / Elle prépare un cassoulet / Elle se prépare pour aller travailler / Vous présentez Jacques à des amis / Vous vous présentez au bureau du directeur / Je lève mon verre / Je me lève à 7 heures précises.

Ex. 10 : Nous avons rendez-vous... Nous nous asseyons... nous attendons.
Je dois me coucher... je n'attends pas...
Tu ne dois pas t'asseoir ici...

Ex. 11 : f : défilé - fête - œuf - carafe - dentifrice.
ff : difficile - différent - affiche.
ph : pharmacie - photo - phrase - catastrophe - orthographe.

Ex. 12 : c : cadeau - couper - carafe - acteur
qu : qui - disque - quelqu'un
k : ski - steak.

Ex. 13 : Cette année tous les élèves sont excellents.
C'est une belle robe.
Cet élève est intelligent et intéressant.
Comment fait-on ce gâteau ? Il faut essayer cette recette.

Ex. 14 : ... poulet ... dîner / cette année... idée... défilé / ... la clé... à côté... escalier.

Ex. 19 : Levez-vous ! Levez les bras ! Écartez les pieds ! Couchez-vous !
Levez la jambe droite ! Levez les bras et les jambes ! Asseyez-vous !

UNITÉ 3 - Leçon 1

Ex. 1 : ... tu as son numéro de téléphone / Sur le bureau du directeur... / Mlle Barbier arrive au bureau... / ... il y a un excellent numéro... / ... pièces de monnaie... / ... une très bonne pièce / ... de trois pièces.

Ex. 2 : appeler son chien / la société F / des amis
recevoir une lettre / un dossier / des amis
préparer un dossier / une fête / un plat
essayer une robe / un plat.

Ex. 3 : Action répétée : j'ai relu - refaites-la - rappeler
Action non répétée : rappeler (si c'est M. Fontaine qui a appelé) - remercier - rechercher - regarder.

Ex. 5 : Parlez-lui ! / Répondez-lui ! / Racontons-leur cette histoire ! / Demandez-lui un service ! / Téléphone-leur !

Ex. 6 : Achetez-le ! / Goûtez-les ! / Vendons-le ! / Attends-moi ! / Attendez-nous ! / Mets-les !

Ex. 8 : personne ne vient / rien ne va / personne ne l'aime / personne ne peut jouer avec lui / rien ne manque.

Ex. 9 : Quelqu'un connaît son numéro de téléphone ?
Quelque chose manque ?
Tu fais quelque chose aujourd'hui ?
Quelqu'un veut aller voir ce film ?
Elle parle à quelqu'un.

Ex. 10 : Le vert va bien aux blonds et aux blondes.
Le président signe un contrat intéressant.
Serge choisit deux plats. Il prend du poulet et des haricots. Bon appétit !
Les grands boulevards sont des endroits bruyants.
Cet enfant a beaucoup de défauts.

Ex. 11 : poulet ... délicieux ... excellent / ... appeler ... allô ... / dactylo ... ville ... enveloppe / ... aller ... boulevard ... difficile.

Ex. 12 : Je ne sais pas comment vous vous appelez / Je m'appelle... / ... épelez... / ... rappeler / je rappelle...

Ex. 13 : ... corriger... numéro / ... l'autoroute... arrivez... aéroport... / ... verre... / ... interroge...

Ex. 14 : Comment payez-vous ? - Je paie par chèque / Nous essayons... / ... il envoie... / Les secrétaires essaient...

Ex. 15 : • ARRIVE - MERCREDI 14 H 30 ORLY-OUEST PEUX-TU VENIR M'ATTENDRE - MERCI - STÉPHANE
• DOIS ALLER VENDREDI A FRANCFORT PRIÈRE M'ENVOYER DOSSIER BARDET - REMERCIEMENTS GASSOT

Ex. 21 : De haut en bas : gratuit - libre - décontracté - difficile - court - bas - jeune - incompétent - neuf
Nom de la société : AIR FRANCE.

UNITÉ 3 - Leçon 2

Ex. 3 : accident de voiture - dispute - cambriolage - enlèvement - attentat à la bombe.

Ex. 4 : ... la fille... la femme... la mère... la belle-mère... le mari... le gendre... les parents... les beaux-parents...

Ex. 5 : • Je ne dors jamais beaucoup. Je me lève toujours tôt.
• Je sors toujours le soir. Je ne reste jamais chez moi.
• Je ne fais jamais de sport.
• Je ne bois jamais d'eau. Je bois toujours du jus de fruits.

Ex. 7 : M. et Mme Martin croient que Broussac est un village calme.
Jacques et Martine disent que ce film est très mauvais.
Le professeur répète qu'il faut apprendre les conjugaisons.
M. Fontaine pense que M. Dupuis est en vacances.
Agnès Darot croit que c'est un meurtre.

Ex. 9 : Bravo ! Félicitations ! C'est excellent.
Est-ce que vous venez avec moi ?
J'attends mon dossier, moi !
Non, Monsieur le directeur n'est pas là.
Demain, après le travail, que faites-vous ?

Ex. 10 : disparition... mystérieuse / ennuyeux / ... fille ... famille / ... curieux ... il ne travaille pas ... / Essayez ... yeux.

Ex. 11 : je vais - tu vas - il va - ils vont
j'ai - tu as - il a - ils ont.

Ex. 12 : Vous devez téléphoner... appelez... / Restez... vous devez vous reposer / Ne parlez pas / Écoutez / Vous allez commencer... interrogez... / ... ne restez pas chez vous... Il faut aller voyager.

Ex. 13 : Le Père Goriot (Balzac) - Les Trois Sœurs (Tchekov)
Mère Courage (Brecht) - Fils de personne (Montherlant)
La Case de l'Oncle Tom (Beecher - Stowe).

Ex. 22 : • la grand-mère - la fille et la petite-fille
• la femme de Marc s'appelle Martine.
• la fille de Martine s'appelle Cécile.

UNITÉ 3 - Leçon 3

Ex. 1 : Michèle Lapierre est née le 3 janvier 1962.
Elle est mariée depuis le 5 juin 1985.
Elle a passé son baccalauréat en 1980.
Elle a étudié à l'ESCL pendant 3 ans.
Elle est restée 11 mois à Frantexport.
Elle est entrée à Rhône-Poulenc le 1er janvier 1986.
Elle a séjourné 6 mois en Angleterre.
Elle est chef des ventes depuis... ans.

Ex. 2 : Aujourd'hui, c'est le 9 mars... / Avant-hier, le 7 mars... jusqu'à après-demain 11 mars / Hier, le 8 mars... / ... je vais avoir ce cadeau aujourd'hui ou demain.

Ex. 4 : a) Hier, elle est allée... Elle est passée... Elle a vu... Elle est entrée... Elle a essayé... Elle a choisi... Elle a gardé... Elle a payé... Elle est sortie et elle est allée...
b) Hier, vous êtes allée... Vous êtes passée... Vous avez vu... Vous êtes entrée... Vous avez essayé... Vous avez choisi... Vous avez gardé... Vous avez payé... Vous êtes sortie et vous êtes allée...

Ex. 5 : Non, je n'ai pas vu ce film.
Non, je n'ai pas dormi dans cet hôtel.
Non, je n'ai pas appris cette langue.
Non, je n'ai pas rencontré votre frère.
Non, je n'ai pas essayé cette voiture.
Non, je n'ai pas lu ce livre.

Ex. 6 : « Nous sommes partis le 1er juin à 6 h. Nous sommes arrivés à Chamonix le 2. Nous sommes restés 2 jours à l'hôtel. Nous avons commencé l'ascension le 5 juin à 7 h. Nous sommes arrivés au refuge à 17 h. Le 6 juin, Jacques a eu un accident. Il est tombé. Nous sommes redescendus le 7 juin et nous sommes retournés à Paris le 8. »

Ex. 7 : • ... Marie a reçu... / Elle est partie... elle s'est dépêchée... elle a réussi...
• ... Je me suis levé tard... je me suis promené... je me suis assis... je me suis reposé.

Ex. 8 : Quand êtes-vous arrivés à Marseille ?
Jusqu'à quand restez-vous ?
Depuis quand êtes-vous en France ?
Combien de temps allez-vous rester à Marseille ?
Quand partez-vous de Nice ?
A quelle heure part l'avion ?

Ex. 9 : • ... je suis allée... j'ai vu / je suis allée... j'ai entendu...
• ... nous sommes allées... nous avons trouvé... nous sommes restées... / ... nous sommes montés... nous sommes descendus...

Ex. 10 : Annie s'est levée... / Jacques s'est réveillé... / Annie et Valérie se sont promenées... / Nicole et André se sont reposés... / Patrick et son frère se sont couchés... / Claire et Juliette se sont rencontrées...

Ex. 11 : j : joue - aujourd'hui - jupe...
g : mariage - image - gens...
ge : nous mangeons - nous bougeons - nous voyageons.

Ex. 12 : faux - vrai - vrai - vrai - faux - vrai.

Ex. 19 : 1 : du - 2 : fini - 3 : appris - 4 : connu - 5 : eu - 6 : dit - 7 : venu - 8 : pu - 9 : sorti - 10 : assis - 11 : fait - 12 : mis - 13 : ouvert - 14 : cru - 15 : su.
Le nom de la femme : DIANE DE POITIERS.

UNITÉ 3 - Leçon 4

Ex. 1 : pour les enfants : jouer sur la plage (jouer au ballon, etc.) - faire des châteaux de sable - se baigner - apprendre à nager / à plonger
pour les adultes : faire de la natation / du ski nautique / de la voile / de la pêche sous-marine / de l'exploration sous-marine
se reposer - bronzer - lire - faire des rencontres - aller au casino, etc.

Ex. 4 : • ... j'habitais... j'allais... j'aimais... Elle racontait...
• Il était... Il se débrouillait
• Que faisiez-vous quand vous étiez...
• Nous détestions... Elle essayait.

Ex. 5 : Depuis 3 ans j'habitais au Cap d'Ail près de Nice. Je me promenais. J'avais beaucoup d'amis dans le village... Nous bavardions, nous dînions quelquefois ensemble. Un jour... j'ai rencontré une jeune femme. C'était une journaliste... Elle s'appelait Angela. Je me suis présenté. Elle connaissait mon nom. Nous avons parlé de l'Italie.
Le lendemain, j'ai invité Angela... Nous avons découvert... Angela a pris des photos et a interrogé... Le soir nous sommes rentrés.

Ex. 6 : La ville était calme. Les rues étaient désertes. Il était 3 heures du matin. Tout-à-coup, une voiture est arrivée sur la place. Elle s'est arrêtée devant la bijouterie. Un homme est descendu de la voiture. Il portait un blouson de cuir noir et une casquette. Il a sorti une clé de sa poche. Il est entré dans la bijouterie. Alors on a entendu une sonnerie d'alarme. L'homme a couru vers sa voiture et il a disparu.

Ex. 7 : • Est-ce qu'il y a encore une place ?... Non, il n'y a plus de place... Je dois rester encore une nuit...
• Vous avez encore un peu de temps...
• Vous voulez encore un peu d'eau... Je n'ai plus soif.
• Il me reste encore deux lettres...

Ex. 8 : • Agnès Darot a commencé à enquêter... a continué à interroger...
s'arrêter de rechercher le coupable
• Quand nous avons fini de dîner...
• Les secrétaires de M. Dupuis commencent à travailler à 9 h... et finissent à 17 h. Elles s'arrêtent de travailler à 13 h...

Ex. 9 : ... L'hôtesse salue... Ils louent... Les chasseurs tuent... Ils jouent...

Ex. 10 : Nous allions... Nous payions... Nous balayions... Vous preniez... Vous buviez... Vous lisiez.

Ex. 11 : Elle est restée... Jacqueline est montée... Elles sont nées... Ils se sont arrêtés... Elles se sont assises... Ils ont vendu... Elle s'est regardée... Elles ont essayé.

Ex. 12 : h initial : j'habite - une histoire - un horaire...
h intérieur : une discothèque - antipathique - enthousiaste...
ch : chapeau - acheter - une affiche...
ph : paragraphe - pharmacie - photo - orthographe...

Ex. 13 : finale s : mois - bois - jus
finale x : heureux - roux - croix
finale z : nez - rez-de-chaussée.

Ex. 15 : • La scène se passe au bord de la mer à Frontignan.
• Il s'agit d'une noyade.
• Il y a eu deux morts : le père et le fils.
• La mer était mauvaise. Il y avait de grandes vagues.

Ex. 22 : « Aujourd'hui maman est morte... » : L'Étranger.
« Longtemps je me suis couché... » : Du côté de chez Swann.
« Nous étions à l'étude... » : Madame Bovary.
« Madame Vauquier... » : Le père Goriot.

UNITÉ 3 - Leçon 5

Ex. 1 : à la tête - à l'œil - au bras - au doigt - au pied...

Ex. 2 : ... chez le dentiste / Sur l'ordonnance... la liste des médicaments... / ... très grave... il est guéri / ... Il s'est cassé une jambe et s'est blessé à la tête.

Ex. 3 : demander - répéter - affirmer - crier - traduire - répondre - dire - nier.

Ex. 4 : Sophie dit qu'elle n'est pas libre.
Julien lui demande si elle ne peut pas venir ou si elle ne veut pas venir.
Sophie dit qu'elle ne peut pas venir et qu'elle regrette.

Julien lui demande où elle passe le week-end et si elle part avec des amis.

Sophie répond qu'elle reste à Paris...

Ex. 5 : ... Jacques <u>lui</u> offre une bague / ... il <u>leur</u> téléphone... / ... Elle <u>lui</u> répond / ... Elle <u>lui</u> a raconté son voyage / ... Il <u>lui</u> a demandé de l'argent / ... Nous <u>leur</u> avons envoyé une invitation.

Ex. 6 : ... Elle ne <u>l'</u>a pas appris... et <u>les</u> traduit à Agnès... Agnès ne <u>le</u> connaît pas encore... Agnès doit <u>la</u> continuer... Elle doit <u>les</u> interroger.

Ex. 7 : Est-ce que vous avez lu ces livres / ces journaux... ?
Est-ce que vous connaissez Agnès / Marie... ?
Est-ce que vous rencontrez Nicolas... ?
Est-ce que vous avez répondu à Jacques / à Marie ?
Est-ce que vous avez fait un cadeau à Jacques / à Marie ?

Ex. 8 : Pourquoi A. Darot fait-elle une enquête ?
Pourquoi A. Darot a-t-elle besoin d'une interprète ?
Pourquoi M. Dupuis a-t-il disparu ?
Pourquoi M. Dupuis revient-il ?
Pourquoi ne téléphone-t-il pas ?

Ex. 9 : • parce qu'il y avait du bruit...
• parce que Broussac est un village calme
• parce que les jeunes gens de Broussac les ont pris
• parce que les jeunes de Broussac préparent le Carnaval
• parce qu'ils vont participer au Carnaval.

Ex. 10 : • pour leur dire qu'il ne peut pas venir...
• pour rechercher M. Dupuis
• pour interroger M. Ferrand
• pour interroger Jane Britten
• pour vérifier l'emploi du temps de René Dupuis.

Ex. 11 : Elle ne l'a pas vu / Je ne leur ai pas écrit / Je ne l'ai pas achetée.
Il ne les a pas écoutés / Je ne les ai pas retrouvés / Elle ne lui a pas parlé.

Ex. 12 : Elle attend avec une amie.
Cette actrice a joué une pièce de Molière au théâtre.
Michèle a envoyé une lettre à son frère avec un cadeau.
Une infirmière a donné les premiers soins.
Il a appelé une ambulance.

Ex. 13 : guérie - malade / fatiguée - inquiètes / malades - absents / nerveuses / fortes.

Ex. 14 : <u>leur</u> mère / <u>leurs</u> parents... Ils <u>leur</u> ont parlé de <u>leurs</u> vacances / <u>leurs</u> dossiers... vous les <u>leur</u> avez envoyés... téléphonez-<u>leur</u>...

Ex. 15 : <u>in</u> : le vin - un dessin - un jardin
<u>ain</u> : demain - le pain - un Américain
<u>ein</u> : la ceinture - il peint
<u>oin</u> : moins - un point - un soin.

Ex. 16 : Une passante a découvert la fillette.
On l'a trouvée dans des toilettes publiques à Monaco.
Elle a dit « voiture » puis son nom.

UNITÉ 4 - Leçon 1

Ex. 1 : ... sa <u>propriété</u> fait cent hectares. Il <u>cultive</u> du blé... Il <u>produit</u> aussi un peu de vin... Il a un important <u>troupeau</u> de <u>vaches</u>...

Son jardin produit des <u>légumes</u>... Sa femme <u>élève</u> de la volaille.

Ex. 2 : un cultivateur - cultiver - une culture
un éleveur - élever - un élevage
un producteur - produire - une production
un constructeur - construire - une construction
un acheteur - acheter - un achat
un vendeur - vendre - une vente
un voleur - voler - un vol.

Ex. 3 : à la banque - au bureau de tabac - au consulat - à la bibliothèque - à la poste - au stade - à la pharmacie - à la mairie.

Ex. 4 : Italie : Sud-Est de la France / Suisse : Nord de l'Italie.
Belgique : Sud de la Hollande / Allemagne : Est de la France.

Ex. 7 : ... Je n'ai pas assez mangé / ... Il a trop bu / ... Elle a assez dormi / ... Il a trop mangé / ... J'ai trop travaillé / ... Notre appartement est trop petit / ... Je ne suis pas assez riche.

Ex. 8 : Il viendra... / Elle aura vingt ans... / J'irai à Paris... Je prendrai... / Est-ce que tu arriveras à l'heure... / ... Nous ne pourrons pas venir... / Il fera une grande fête... / ... Vous vous lèverez...

Ex. 9 : ... nous en produisons / ... il en construit beaucoup ? / ... j'en ai cinquante... / ... j'en ai trois ... je n'en ai pas / ... j'en ai vu d'excellents.

Ex. 10 : ... château... cheveux... bureaux... bateau... tableaux... troupeaux... pauvre...

Ex. 11 : <u>on ajoute x</u> : un château / des châteaux - un cheveu / des cheveux
<u>al → aux</u> : un cheval / des chevaux - un animal / des animaux.

Ex. 15 : • Les épreuves auront lieu mercredi pour la philosophie et entre le 22 et le 24 juin pour les autres matières.
• Les étudiants connaîtront les résultats le 4 juillet.
• Les oraux de rattrapage permettent aux élèves qui ont une note proche de la moyenne d'avoir une nouvelle chance.
• Série A (philosophie) - Série B (économie) - Série C (math) - Série D (biologie) - Série E (technique) - Série D' (agricole).

UNITÉ 4 - Leçon 2

Ex. 1 : Il faut réparer...
Il faut changer...

Ex. 2 : virage à droite - succession de virages dont le premier est à droite - chaussée rétrécie - chaussée glissante - pont mobile - passage à niveau muni de barrières - endroit fréquenté par des enfants - passage pour piétons - passage d'animaux sauvages - intersection avec priorité à droite - annonce de feux tricolores - perte de priorité.

Ex. 3 : Dans l'ordre : château - église - point de vue - phare - montagne - ruine antique - autoroute - étang - moulin - usine - autre curiosité.

Ex. 4 : ... j'en prends une / ... j'en achète / ... je n'en bois pas / ... je n'en fais pas / ... j'en mets un.

173

Ex. 5 : Non, il n'en a pas bu / Oui, il l'a regardée.
Oui, elle en a acheté une / Non, il n'en a pas mis un.
Oui, je l'ai choisi / Non, je ne les ai pas écrites.
Oui, j'en ai récolté beaucoup / Non, nous ne l'avons pas perdu.

Ex. 6 : ... nous en revenons / ... nous y sommes venus en 1987
... j'en viens / ... j'y vais
... je n'y ai jamais vécu / ... j'y ai dansé quand j'étais jeune.

Ex. 7 : • ... je vais lui téléphoner pour la remercier.
• ... écrivons-lui pour le féliciter.
• ... vas-y.
• ... nous y pensons... Nous y trouverons du pétrole... Nous en reparlerons... Vous ne l'avez pas encore trouvé.

Ex. 8 : n : une avenue - amener - une image...
nn : une année - donner - une panne...
m : amusant - une chemise - demain...
mm : un homme - emmener - une pomme...

Ex. 9 : ils viennent - ils comprennent - ils apprennent - ils mettent - ils permettent...

Ex. 10 : c'est dimanche / ... ses vacances... ses parents / ... c'est... ces tableaux / Ces livres... ses livres... / ... ces (ses) lunettes... C'est Pierre ?

Ex. 11 : ... ils démolissent... ils construiront... / Tu lis... ça te plaît ? / ... il devient ? / ... nous avons produit... / ... me plaisent... / ... nous avons vu Carmen... ça nous a beaucoup plu.

Ex. 12 : 1 : l'hiver - 2 : l'hiver - 3 : la fin de l'hiver
4 : l'été (les élèves travaillent dehors, un orage éclate)
5 : le plein été - 6 : l'automne.

UNITÉ 4 - Leçon 3

Ex. 1 : Ressemblances : chapeau - cheveux - yeux - menton - oreilles
Différences : visage plus étroit - nez plus long - chemise - veste.

Ex. 2 : • ... apportez-moi le dossier... Je vous emmène au restaurant.
Je dois amener mon fils chez le dentiste.
• Il faut apporter cette statue... Je vous emmène...

Ex. 3 : • La Joconde est un tableau... sur cette peinture (œuvre)...
• ... de vraies antiquités
• ... de très belles sculptures de bois
• ... Il a peint (fait) de nombreux tableaux. Il a sculpté (fabriqué) ... Il a dessiné (fait) de nombreux dessins.

Ex. 4 : oncle / tante - beau-père / belle-mère - neveu / nièce - roi / reine - prince / princesse - dieu / déesse - sorcier / sorcière - bœuf / vache - cheval / jument.

Ex. 5 : un homme âgé / jeune - vieux / jeune
un bâtiment, un objet ancien / moderne
un monument antique / récent
une voiture neuve / d'occasion
un stylo, une mode ancien(ne) / nouveau (nouvelle)

Ex. 6 : Paul le Kid est plus jeune, moins grand, plus lourd (il pèse plus), il gagne plus souvent...

Nick Calamity est plus âgé, plus grand, plus léger, il gagne moins souvent.

Ex. 7 : ... un bon portraitiste. Il peint très bien... Les portraits de Modigliani sont meilleurs. Il dessine mieux... Modigliani est le meilleur portraitiste...

Ex. 8 : • L'armoire est aussi lourde que le réfrigérateur.
• Le restaurant du port est moins cher que le restaurant « Au bon coin ».
• A Paris, il fait moins chaud qu'à Marseille.
• Le trajet en TGV est plus rapide que le trajet en voiture.
• Michèle sort plus tard que Nicole.
• Patrick Simon chante plus (souvent) que Nicolas Legrand.
• Stéphanie tape moins vite que Valérie.
• Marie dépense moins que Jacques. Elle gagne plus que Jacques.

Ex. 9 : • ... Quel spectacle ! Quelle chanteuse ! Qu'elle chante bien ! Quel excellent orchestre ! Quels bons musiciens !
• Quel beau musée ! Quelles peintures extraordinaires ! Qu'elles sont intéressantes...
• Quel âge avez-vous ? Quelle est votre profession ? Quels sont vos prénoms ?

Ex. 10 : ... on mange bien. Il y a de bons restaurants / ... il ne travaille pas bien / J'ai vu un bon film... J'ai bien aimé. / Il a une bonne situation. Il gagne bien... / Il n'est pas bon / ... Ce n'est pas bien.

Ex. 11 : • ... la même histoire, les mêmes acteurs, les mêmes poursuites... Ce sont tous les mêmes.
• ... le même sujet... les mêmes couleurs... Ce sont toutes les mêmes.
• Je voudrais la même.
• ... les mêmes parents... la même.

Ex. 12 : La main de cette statue n'a plus de doigts
Plus il sont grands, plus ils sont bêtes.
Connaissez-vous l'histoire de la forêt mystérieuse ? C'est l'histoire d'un pays où les bons deviennent méchants.
J'aime beaucoup l'art du peintre dans ce portrait

Ex. 13 : Hier, j'ai amené... je les amènerai... / Monet a peint...
Vous avez fini de peindre... nous le peindrons (peignons) / ... il était à l'université... il a menti... Nicole l'a vu... / on a découvert... ils découvriront.

UNITÉ 4 - Leçon 4

Ex. 1 : • ... dans plusieurs journaux (quotidiens)... à la radio... le journal télévisé de la première chaîne
• ... journal... Les hebdomadaires...
• ... en gros titre...
• ... les titres... Je ne lis pas tous les articles.

Ex. 2 : Pouvoir exécutif : le président (élu par tous les français pour 7 ans) - le premier ministre (nommé par le président) - les ministres (nommés par le premier ministre)
Pouvoir législatif : la Chambre des députés - 500 députés
le Sénat - 300 sénateurs.

Ex. 3 : Pierre est au chômage. Jacques est à la retraite. Marie est étudiante. Nicole est en congé de maladie. André et ses collègues sont en grève. Françoise est en vacances.

Ex. 4 : courageusement - heureusement - lentement (progressivement) - désagréablement - difficilement - finalement - patiemment - rapidement.

Ex. 5 : Sophie rit difficilement, parle doucement.
Olivier écoute avec impatience. Sophie conduit prudemment. Elle aime passionnément la musique.

Ex. 7 : Nicole fait peindre son salon / Marie fait laver sa voiture / Le professeur fait travailler les élèves / Annie fait faire une robe / Patrick fait raser sa barbe (se fait raser la barbe).

Ex. 8 : M. Dupuis les fait dactylographier / Mme Dupuis-Moreau les fait traduire.
Je la fais nettoyer / Elle les fait couper / Mme Morin les fait cultiver.

Ex. 9 : 1 : Elle est moins grande. Elle fait 248 000 km².
2 : Elle est moins grande. Elle fait 504 000 km².
3 : Elle a plus d'habitants. Elle a 10 millions d'habitants.
4 : Elle en a moins. Elle en a 37 millions.

Ex. 10 : A Cuba on mange plus de sucre qu'en Australie.
En Australie on mange autant de sucre qu'en URSS.
Au Japon on mange moins de sucre qu'à Cuba.
En France on mange moins de sucre qu'au Brésil.
En France on mange plus de sucre qu'au Japon.

Ex. 11 : x =[ks]: taxi - excellent - klaxon - Mexique - boxe
x =[gz]: exercice - exemple - examen - exact - il existe
x = [s]: six - dix - soixante
x = [z]: deuxième.

Ex. 12 : -ement : lentement - rapidement - malheureusement...
-emment : patiemment - prudemment - différemment
-amment : bruyamment - savamment.

Ex. 13 : On n'entend pas... / On arrivera... On n'est jamais... / On en reparlera / On n'a plus d'argent On a tout dépensé / On a acheté... On a vendu...

Ex. 14 : Nous avons appris... / ... les archéologues fouilleront... ils découvriront... / ... je me suis trompé... / ... les enfants se sont battus / ... le chômage a un peu diminué mais les prix ont augmenté / ... quand elle avait dix ans... elle est devenue...

Ex. 15 : On a découvert une statuette en bronze.
On l'a découverte à Sainte-Bazeille dans le département du Lot-et-Garonne.
On l'a découverte en septembre 1979.
On l'a découverte pendant les fouilles dans une couche de vestiges d'un bâtiment gallo-romain.
C'est le Comité d'Études Historiques et Archéologiques de Sainte-Bazeille qui a découvert la statuette. Il l'a apportée à Madame Derion, responsable du laboratoire des musées d'Aquitaine.

Ex. 3 : un balai → un ballet (danse)
une date → une datte (fruit)
dans → une dent   la fin → la faim
il joue → la joue.

Ex. 4 : ... La région a beaucoup changé... Les agriculteurs ont abandonné leurs fermes... Des incendies ont détruit les forêts... Le tourisme s'est développé...

Ex. 5 : ... il a échoué. Il est déçu / ... Il est malheureux / Sa femme l'aime. Il est heureux / ... Il est content / Mme Dupuis-Moreau... Elle est satisfaite / ... Il va rester seul. Il est triste.

Ex. 6 : une course (courir) - un apprentissage (apprendre) - une descente (descendre) - une blessure (blesser) - un espoir (espérer) - un changement (changer) - une fondation (fonder) - une recherche (chercher) - une importation (importer) - un choix (choisir) - un mélange (mélanger) - un commencement (commencer) - une permission (permettre) - une fin (finir) - une réparation (réparer) - une connaissance (connaître) - un bavardage (bavarder) - une correction (corriger) - un achat (acheter).

Ex. 7 : C'est la guerre qui a détruit ces maisons.
Ce sont les industries qu'il faut développer.
Ce sont les habitants qui ont changé.
C'est M. Dupré qui a construit la maison.
C'est la rue où il y a deux cinémas.

Ex. 10 : où / qui / où / qui / que / qui.

Ex. 11 : J'ai vu un film de Truffaut qui m'a beaucoup plu.
J'ai trouvé le dictionnaire de français que je cherchais...
Le ministre a présenté un projet qui plaira aux chefs d'entreprise.
L'Opéra est une belle salle de spectacle où je vais souvent.
Le feu a détruit cette forêt que j'adorais.
J'ai oublié le nom de ce restaurant où nous nous sommes rencontrés.

Ex. 12 : • un garçon qui a les yeux bleus
• une femme qui ne travaille pas
• un musicien qui joue très bien
• un travailleur qui vient d'un pays étranger
• un couteau qui coupe le pain.

Ex. 13 : ill = [j] : une fille - une feuille - la famille - il se réveille
ill = [il] : la ville - un millier - un million - tranquille.

Ex. 14 : vendu - construite - préférée - produit - aménagée.

Ex. 15 : Ce sont les fermiers que j'ai vus / les propriétés que ses grands-parents ont vendues / les arbres que vous avez plantés / les livres que tu as achetés / les maisons qu'il a visitées / les amies que tu as invitées.

UNITÉ 4 - Leçon 5

Ex. 1 : A : un lapin (il ne vole pas)
B : un poisson (il vit dans l'eau)
C : un canard (a seulement deux pattes).

Ex. 2 : Les montagnes des Pyrénées - Les collines de Rome - La Vallée de la Mort - La plaine de la Beauce - Le fleuve Rouge - La rivière Kwaï - La mer Noire - L'océan Pacifique - Le lac de Genève - La Forêt-Noire.

ENGLISH SECTION

In order to take into consideration the specific language-learning difficulties encountered by English speakers, we have included :

- the main instructions of the course,
- a glossary,
- five French grammatical points (masculine or feminine, negative sentences, possessives adjectives, *imparfait* and *passé composé*, relative pronouns *qui* and *que*) compared and contrasted to English.

Barrez	Cross out
La case	The box
Cherchez le mot intrus	Look for the odd word
Classez les mots	Classify the words
Cochez la bonne case	Check the right box
Complétez les phrases	Complete the sentences
Complétez le tableau	Fill out the chart
Connaissez-vous…?	Do you know…?
Continuez les histoires	Write an end to the stories
Devinez	Guess
Donnez (des ordres/des conseils)	Give (orders/advice)
Écrivez	Write in
Épelez	Spell
Exercez-vous	Practice
Faites des phrases	Make up sentences
Faites-les parler	Imagine what they're saying
La grille	The grid
L'histoire	Story
Jouez la scène	Act out the scene
Lisez	Read
Mettez les adjectifs/verbes à la forme qui convient	Put the adjectives/verbs in the correct form
Le mot	Word
Les mots cachés	Hidden words
Notez	Write
La phrase	Sentence
Posez la question	Ask the question
Présentez-les	Introduce them
Le récit	Story
Rédigez	Write
Reliez	Match
Remplissez	Fill in
Remettez… dans l'ordre	Put… back in the right order
La réponse	Answer
Retrouvez la question	Find the appropriate question
Soulignez	Underline
Transformez les phrases	Rewrite the sentences

VOCABULARY

This list includes all the words introduced in "dialogues et documents" and those in "vocabulaire et grammaire". It does not include articles (definite, indefinite and partitive), demonstrative adjectives, personal pronouns, the days of the week and the months of the year.

I, II, III, IV refer to the unit in which the word is introduced.

1, 2, 3, 4, 5 refer to the lesson within the unit.

D, V indicate whether the word is introduced in the page "dialogues et documents" (D) or in the page "vocabulaire et grammaire" (V).

(f.) refers to feminine nouns and (m.) to masculine nouns.

/ means the word has more than one meaning.

A

à (prép.)	to, at, in	I	1	D
– aller à	to go to	I	3	D
– être à	to be in/at	II	4	D
– donner à	to give to	III	1	D
abord (d') (adv.)	first	III	2	D
absent (adj.)	absent	III	2	D
accident (m.)	accident	I	1	D
accord (d') (adv.)	OK	I	3	D
achat (m.)	purchase	III	1	V
acheter (v.)	to buy	II	1	D
acheteur (m.)	buyer	II	1	V
actuellement (adv.)	nowadays	IV	2	D
addition (f.)	bill	II	2	V
administratif (adj.)	administrative	III	1	D
adorer (v.)	to love	I	3	D
un dieu	to worship a god	IV	3	D
adresse (f.)	address	I	1	D
aéroport (m.)	airport	II	1	D
affaires (f.)	business	IV	1	V
affiche (f.)	poster	II	5	V
âge (m.)	age	I	5	V
agence (f.)	agency	II	1	D
agenda (m.)	diary	I	4	V
agneau (m.)	lamb	II	2	V
agréable (adj.)	pleasant	II	1	D
agricole (adj.)	agricultural	IV	1	D
– propriété agricole	farm	IV	1	D
agriculteur (m.)	farmer	IV	1	V
aider (v.)	to help	IV	3	D
aimer (v.)	to like/love	I	3	D
ajouter (v.)	to add	II	5	D
aller (v.)	to go	I	3	D
– (chercher)	to go and get	II	5	D
– (vêtement)	to fit	II	4	V
– bien (santé)	to be well	III	5	D
allô (on the phone)	hello	I	2	D
alors (adv.)	then	I	3	D
ambassade (f.)	embassy	IV	1	V

ambulance (f.)	ambulance	III 5	V
aménager (v.)	to establish	IV 5	D
américain (adj.)	American	I 1	V
amener (v.)	to bring	IV 3	V
ami (m.)	friend	I 3	D
amitié (f.)	friendship	I 3	D
amusant (adj.)	amusing	I 3	D
amuser (s') (v.)	to have fun	III 3	D
an (m.)	year	I 5	D
analyse (f.)	test	IV 2	D
ancien (adj.)	ancient/old	IV 3	D
année (f.)	year	I 2	V
animal (m.)	animal	IV 5	D
anniversaire (m.)	birthday	III 3	D
annonce (f.)	classified ad	III 4	V
annuaire (m.)	phone book	III 1	V
antipathique (adj.)	unfriendly	I 5	V
antique (adj.)	ancient	IV 3	D
antiquité (f.)	antiquity/antique	IV 3	V
appareil (m.)			
– Qui est à l'appareil?	Who's on the phone?	III 1	V
appartement (m.)	flat/apartment	I 2	D
appétit (m.)			
– Bon appétit!	Enjoy your meal!	I 5	D
appel (m.)	call	II 1	D
appeler (v.)	to call	II 2	V
appeler (s') (v.)	to be named	I 2	V
apporter (v.)	to bring	III 5	D
apprendre (v.)	to learn	I 4	D
– une nouvelle	to hear	III 4	D
après (prép./adv.)	after	III 2	D
après-demain (adv.)	the day after tomorrow	III 3	V
après-midi (m.)	afternoon	II 2	V
arbre (m.)	tree	II 1	D
– fruitier	fruit tree	IV 1	D
archéologie (f.)	archeology	IV 3	V
archéologique (adj.)	archeological	IV 3	V
architecte (m.)	architect	I 1	V
argent (m.)	money	II 4	V
armoire (f.)	wardrobe	II 1	V
arrêter (s') (v.)	to stop	III 4	D
arrivée (f.)	arrival	III 4	D
art (m.)	art	II 3	D
article (m.)	article	III 4	V
artiste (m./f.)	artist	I 2	D
aspirine (f.)	aspirin	III 5	V
assassin (m.)	murderer	II 3	V
assassinat (m.)	murder	II 3	V
asseoir (s') (v.)	to sit	II 5	D
assez (adv.)	enough	IV 1	D
assiette (f.)	plate	II 5	V
attendre (v.)	to wait	III 5	D
attirer (v.)	to attract	IV 5	D
augmenter (v.)	to increase	IV 4	V
aujourd'hui (adv.)	today	II 2	V
au revoir (interj.)	good-bye	I 1	D
aussi (adv.)	too	I 3	D

– aussi… que	as… as	IV	4	D
– moi aussi	me too	II	2	D
autant (adv.)	as much	II	4	D
autobus (m.)	bus	III	4	V
automne (m.)	autumn	IV	2	D
automobile (f.)	car	IV	5	V
autorisation (f.)	permit/permission	IV	1	D
autoriser (v.)	to allow	IV	2	D
autoroute (f.)	motorway	II	1	D
autour (de) (prép.)	around	IV	1	D
autre (adj.)	other	II	3	D
avance (en) (adv.)	early	I	4	V
avant (prép./adv.)	before	III	3	V
avant-hier (adv.)	the day before yesterday	III	3	V
avec (prép.)	with	I	4	D
avenir (m.)	future	IV	4	D
aventure (f.)	adventure	II	1	D
avion (m.)	airplane	II	1	D
avis (m.)	opinion	III	2	D
avoir (v.)	to have	I	3	D

B

baccalauréat (m.)	General Certificate of Secondary Education High school diploma	II	3	D
baigner (se) (v.)	to swim	III	4	V
baignoire (f.)	bathtub	II	1	V
bal (m.)	ball	I	5	D
balayer (v.)	to sweep	III	4	D
ballet (m.)	ballet	I	3	V
banane (f.)	banana	II	2	V
banque (f.)	bank	IV	1	D
banquier (m.)	banker	IV	1	D
bar (m.)	bar	IV	1	V
barbe (f.)	beard	III	2	V
bas (en) (adv.)	downstairs	II	3	D
bateau (m.)	boat	III	4	V
bâtiment (m.)	building	II	1	D
battre (se) (v.)	to fight	IV	4	D
bavarder (v.)	to chat	II	3	D
beau (adj.)	beautiful/handsome	I	5	V
beaucoup (adv.)	a lot	I	3	D
beau-frère (m.)	brother-in-law	III	2	V
beau-père (m.)	father-in-law	III	2	V
beauté (f.)	beauty	I	5	V
bébé (m.)	baby	III	1	D
belle-mère (f.)	mother-in-law	III	2	V
belle-sœur (f.)	sister-in-law	III	2	V
bête (adj.)	dumb	I	5	V
besoin (avoir - de) (v.)	to need	III	5	D
bibliothèque (f.)	library	IV	1	V
billard (m.)	billiards	III	4	V
beurre (m.)	butter	II	5	D
bien (adv.)	well	I	2	D
bientôt (adv.)	soon	I	1	D

bière (f.)	beer	II	2	V			
bijou (m.)	jewel	IV	4	D			
billet (m.)	ticket	I	3	D			
bizarre (adj.)	odd	II	3	D			
blanc (adj.)	white	II	4	D			
blé (m.)	wheat	IV	1	V			
blesser (se) (v.)	to get hurt	III	5	V			
bleu (adj.)	blue	II	4	V			
blond (adj.)	blond	I	5	V			
blouson (m.)	jacket	II	4	V			
bœuf (m.)	beef	II	2	V			
boire (v.)	to drink	II	2	D			
bois (m.)	wood	II	4	V	/ IV	1	D
boîte (f.)	box	II	3	D			
bol (m.)	bowl	II	5	V			
bon (adj.)	good	I	3	D			
bon marché (adv./adj.)	cheap	II	4	V			
bonjour (interj.)	hello	I	1	D			
bonne nuit (interj.)	good night	I	4	D			
bonsoir (interj.)	good evening	I	1	D			
bord (au - de) (prép.)	on the bank	II	1	D			
botte (f.)	boot	II	4	V			
bouche (f.)	mouth	III	2	V			
boulevard (m.)	boulevard	I	1	D			
bout (au - de) (prép.)	at the end of	IV	1	D			
bouteille (f.)	bottle	II	2	V			
boutique (f.)	shop	IV	1	V			
bras (m.)	arm	III	5	V			
bravo (interj.)	well done!	II	5	D			
brosse à dents (f.)	toothbrush	II	5	V			
bruit (m.)	noise	II	1	D			
bruyant (adj.)	noisy	II	1	V			
brun (adj.)	brown, dark	I	5	V			
bureau (m.)	office/desk	I	4	V	/ III	1	V
bus (m.)	bus	III	4	V			

C

ça (pron.)	this/that	I	2	D			
cacher (v.)	to hide	IV	3	D			
cadeau (m.)	gift	I	2	D			
café (m.)	café/coffee	I	2	D	/ II	2	V
cahier (m.)	notebook	III	1	V			
calme (adj.)	calm	II	1	V			
cambriolage (m.)	burglary	II	3	D			
campagne (f.)	country	I	3	D			
camper (v.)	to camp	IV	2	D			
camping (m.)	camping	IV	1	D			
canard (m.)	duck	II	2	D			
car (m.)	bus	III	4	V			
carafe (f.)	pitcher	II	2	D			
carnaval (m.)	carnival	II	5	D			
carotte (f.)	carrot	II	2	V			
carré (adj.)	square	III	2	V			
casino (m.)	casino	III	4	D			
casserole (f.)	saucepan	II	5	V			

catastrophe (f.)	catastrophe	II	5	V
cathédrale (f.)	cathedral	IV	1	V
caviar (m.)	caviar	III	3	D
ceinture (f.)	belt	II	4	D
célibataire (m./f.)	bachelor/single	III	2	D
centre (m.)	centre	II	1	D
– culturel	cultural centre	IV	1	D
centime (m.)	centime	II	4	V
centimètre (m.)	centimetre	II	4	V
chaise (f.)	chair	II	1	V
chambre (f.)	bedroom	II	1	D
champ (m.)	field	III	3	D
champagne (m.)	champagne	III	3	D
champignon (m.)	mushroom	II	2	D
chance (f.)	luck	IV	2	D
changer (v.)	to change	II	3	D
chanson (f.)	song	I	3	D
chanter (v.)	to sing	I	1	D
chanteur (m.)	singer	I	1	D
chapeau (m.)	hat	II	4	V
char (m.)	float	II	5	D
charcuterie (f.)	cold meats	II	2	D
chat (m.)	cat	IV	5	V
château (m.)	castle	III	3	D
chaudron (m.)	cauldron	II	2	D
chaussette (f.)	sock	II	4	V
chef (de service) (m.)	head (of department)	III	1	V
chemise (f.)	shirt	II	4	D
chemisier (m.)	blouse	II	4	V
chèque (m.)	cheque	II	4	V
cher (adj.)	expensive/dear	II	4	D / III 1 D
chercher (v.)	to look for	II	3	D
cheval (m.)	horse	IV	1	V
cheveu (m.)	hair	III	2	D
chèvre (f.)	goat	II	2	D
chez (prep.)	at/to somebody's house	I	3	D
chien (m.)	dog	IV	5	V
chimique (adj.)	chemical	IV	5	V
choisir (v.)	to choose	II	2	V
choix (m.)	choice	II	2	D
chômage (m.)	unemployment	IV	4	D
chômeur (m.)	unemployed	IV	4	V
chose (f.)	thing	II	3	D
ciel (m.)	sky	III	4	D
cigarette (f.)	cigarette	III	4	V
cinéma (m.)	cinema	I	2	D
clair (adj.)	light	III	4	D
classe (f.)	class	I	4	V
classique (adj.)	classical	I	3	D
clé (f.)	key	II	3	V
colère (f.)	anger	III	1	D
– (être en-)	(to be) angry			
collège (m.)	{ Middle school	III	3	V
	Junior high school			
collègue (m.)	colleague	IV	1	D
combien (adv.)	how much/how many	II	4	D
commander (v.)	to order	II	2	V

comme (prép.)	like	III	3	D
commencer (v.)	to start	I	4	D
comment (adv.)	how	I	1	D
commerce (m.)	trade	IV	5	V
commercial (adj.)	commercial	III	1	D
commissaire (m.)	police inspector	III	2	D
commissariat (m.)	police station	III	2	D
commune (f.)	city/town	IV	1	D
compétent (adj.)	competent	III	1	D
complet (adj.)	full	III	4	V
composer (v.)	to compose	I	5	V
comprendre (v.)	to understand	I	2	D
comprimé (m.)	tablet	III	5	D
comptabilité (f.)	accounting	III	1	D
concert (m.)	concert	I	2	D
concours (m.)	competition	II	5	D
conduire (v.)	to drive	IV	2	V
confortable (adj.)	comfortable	II	1	V
connaître (v.)	to know	I	1	D
conquête (f.)	conquest	IV	3	D
constat (m.)	report	I	1	D
construire (v.)	to build	IV	1	D
consultation (f.)	consultation	I	4	D
content (adj.)	glad	I	5	V
continuer (v.)	to go on	I	4	D
contrat (m.)	contract	III	1	D
contre (prép.)	against	IV	4	V
corps (m.)	body	III	5	V
corriger (v.)	to correct	III	1	V
costume (m.)	suit	II	4	V
côté (à - de)	next to	II	1	D
côte (f.)	coast	I	4	D
coton (m.)	cotton	II	4	D
coucher (se) (v.)	to go to bed	II	3	D
couleur (f.)	colour	II	4	D
couloir (m.)	corridor	II	1	D
coupable (m. f.)	culprit	III	2	D
couper (v.)	to cut	II	5	V
courageux (adj.)	brave	I	5	V
courrier (m.)	mail	III	1	V
courir (v.)	to run	III	4	V
cousin (m.)	cousin	III	2	V
court (adj.)	short	II	4	V
couteau (m.)	knife	II	5	V
coûter (v.)	to cost	II	4	D
cravate (f.)	tie	II	4	V
crayon (m.)	pencil	III	1	V
crédit (m.)	credit	II	4	V
crêpe (f.)	crepe	II	5	D
crevé (pneu) (adj.)	flat (tyre)	IV	2	V
croire (v.)	to believe	III	2	D
cuillère (f.)	spoon	II	5	V
cuir (m.)	leather	II	4	V
cuisine (f.)	kitchen/cooking	II	1	D / II 2 D
cultiver (v.)	to cultivate	IV	1	D
curieux (adj.)	curious	II	4	D

D

dactylo (f.)	typist	III	1	V
danger (m.)	danger	IV	2	V
dangereux (adj.)	dangerous	IV	2	V
dans (prép.)	in	I	4	D
danse (f.)	dance	I	3	D
danser (v.)	to dance	I	3	D
danseur (m.)	dancer	I	4	D
date (f.)	date	I	2	V
debout (adv.)	standing	II	5	V
débrouiller (se) (v.)	to manage	III	3	D
décédé (adj.)	deceased	III	2	D
décision (f.)	decision	IV	5	D
décontracté (adj.)	relaxed	III	1	V
découverte (f.)	discovery	IV	3	D
découvrir (v.)	to discover	II	4	D
déçu (adj.)	disappointed	IV	5	V
déesse (f.)	goddess	IV	3	D
défaut (m.)	fault	I	5	V
défendre (v.)	to forbid	IV	2	V
défense de camper	no camping	IV	2	V
défilé (m.)	parade	II	5	D
degré (m.)	degree	IV	2	D
déguisement (m.)	costume	II	4	D
déguiser (se) (v.)	to disguise oneself	II	5	D
déjeuner (v.)	to have lunch	I	4	V
déjeuner (m.)	lunch	I	4	D
délicieux (adj.)	delicious	II	2	V
demain (adv.)	tomorrow	I	5	D
demander (v.)	to ask	I	4	V
demi (adj.)	half	I	4	V
démolir (v.)	to tear down	IV	1	D
dent (f.)	tooth	III	2	V
dentifrice (m.)	toothpaste	II	5	V
dentiste (m. f.)	dentist	III	5	V
dépannage (m.)	emergency repair	IV	2	D
dépanner (v)	to troubleshoot	IV	2	V
départ (m.)	departure	III	4	D
dépêcher (se) (v.)	to hurry	II	5	D
depuis (prép.)	for, since	III	3	D
député (m.)	representative	IV	4	V
dernier (adj.)	last	II	1	V
derrière (prép./adv.)	behind	II	1	D
désagréable (adj.)	unpleasant	III	1	D
descendre (v.)	to go down	II	3	D
désert (adj.)	deserted	III	4	D
désirer (v.)	to want	II	4	D
désolé (adj.)	sorry	I	3	D
dessert (m.)	dessert	II	2	V
dessin (m.)	drawing	IV	1	D
dessiner (v.)	to draw	II	1	V
dessus (au - de) (prép.)	above	II	1	D
détester (v.)	to hate	I	3	D
détruire (v.)	to destroy	IV	5	D
devant (prép./adv.)	in front of	I	4	D

développement (m.)	development	IV	5	D
développer (v.)	to develop	IV	5	V
devenir (v.)	to become	IV	1	D
devoir (v)	to have to	II	5	D
dictionnaire (m.)	dictionary	I	3	V
dieu (m.)	god	II	3	D
différent (adj.)	different	I	3	D
difficile (adj.)	difficult	II	5	V
diminuer (v.)	to reduce	IV	4	D
dîner (v.)	to have dinner	I	4	D
dîner (m.)	dinner			
dire (v.)	to say	I	5	D
directeur (m.)	manager	III	1	V
discothèque (f.)	night club	I	3	D
discuter (v.)	to discuss	IV	4	D
disparaître (v.)	to disappear	III	3	D
dispute (f.)	argument	II	3	D
diriger (v.)	to manage	III	1	D
disque (m.)	record	I	2	D
docteur (m. f.)	doctor	III	5	D
doctorat (m.)	doctorate	III	3	V
doigt (m.)	finger	III	5	V
donner (v.)	to give	III	1	D
dormir (v.)	to sleep	II	3	D
dossier (m.)	file	III	1	D
douche (f.)	shower	II	5	V
doute (m.)	doubt	II	3	D
droit (m.)	law	III	3	D
(tout -)	straight	IV	2	D
droite (à -) (adv.)	(on the) right	II	1	D

E

eau (f.)	water	II	2	D
écharpe (f.)	scarf	II	4	V
échouer (v.)	to fail	III	3	V
école (f.)	school	III	3	V
écouter (v.)	to listen	I	2	D
écrire (v.)	to write	I	2	V
écrivain (m.)	writer	I	2	V
effectuer (v.)	to carry out	IV	2	D
église (f.)	church	IV	1	V
élève (m.)	pupil	III	3	V
élever (v.)	to raise	III	3	D
éleveur (m.)	breeder	III	2	D
emmener (v.)	to take	IV	3	V
émission (f.)	programme	IV	4	V
emploi (m.)	job	IV	4	D
(- du temps)	schedule	III	3	D
emporter (v.)	to take	IV	3	V
emprunter (v.)	to borrow	IV	1	D
encore (adv.)	more/still	II	2	D / III 5 D
endroit (m.)	place	II	1	D
enfance (f.)	childhood	I	5	D
enfant (m.)	child	I	2	V
enfin (adv.)	finally	III	4	V

enlèvement (m.)	kidnapping	III	2	D
enlever (v.)	to remove	IV	3	D
ennuyeux (adj.)	boring	I	5	V
enquête (f.)	investigation	III	2	D
enquêter (v.)	to investigate	III	2	D
ensemble (adv.)	together	I	5	D
ensuite (adv.)	then	III	4	V
entendre (v.)	to hear	II	3	D
enthousiaste (adj.)	enthusiastic	I	2	D
entre (prép.)	between	II	2	D
entrée (f.)	hallway/first course	II	1	D / II 2 D
entreprise (f.)	firm	III	1	D
entrer (v.)	to come in	I	4	D
enveloppe (f.)	envelope	III	1	V
envoyer (v.)	to send	III	1	D
épeler (v)	to spell	I	1	D
équipe (f.)	team	IV	4	D
équipement (m.)	equipment	IV	5	D
équiper (v.)	to equip	IV	5	D
escalier (m.)	staircase	II	1	D
escargot (m.)	snail	II	2	D
espérer (v.)	to hope	IV	1	D
essayer (v.)	to try	II	4	V
essence (f.)	petrol	IV	2	V
est (m.)	east	IV	1	V
et (conj.)	and	I	2	D
étage (m.)	floor	II	1	D
étagère (f.)	shelf	III	1	D
étang (m.)	pond	IV	1	D
été (m.)	summer	IV	2	D
étoile (f.)	star	III	4	D
étranger (m.)	foreigner	III	3	V
être (v)	to be	I	1	D
étroit (adj.)	narrow	II	4	V
étude (f.)	study	III	3	V
étudiant (m.)	student	I	1	V
étudier (v.)	to study	I	5	V
événement (m.)	event	IV	4	V
exercice (m.)	exercise	III	3	V
excellent (adj.)	excellent	II	2	D
excuser (s') (v.)	to apologize	I	1	D
exister (v.)	to exist	IV	4	D
explication (f.)	explanation	II	4	D
expliquer (v.)	to explain	IV	3	D
exploitation (agricole) (f.)	farm	IV	1	D
exploiter (v.)	to work	IV	1	D
exporter (v.)	to export	IV	5	V
extraordinaire (adj.)	extraordinary	III	4	D
extraterrestre (m.)	extraterrestrial	IV	3	D

F

face (en) (adv.)	opposite	IV	1	V
facile (adj.)	easy	II	5	D
faim (f.)	hunger	II	2	V
(avoir -)	to be hungry	II	2	V

faire (v.)	to do/to make	I	3	D
– beau	the weather's nice	IV	2	D
– faire	to have something done	IV	4	D
fait divers	news item	IV	4	V
falloir (il faut) (v.)	to have to	II	5	D
famille (f.)	family	III	2	D
fantastique (adj.)	fantastic	II	5	V
farine (f.)	flour	II	5	D
fatigué (adj.)	tired	I	3	D
faute (f.)	mistake	III	1	D
fauteuil (m.)	armchair	II	1	V
faux (adj.)	wrong	IV	4	V
félicitations(f.)	congratulations	II	5	D
femme (f.)	woman/wife	I	2	V / III 2 V
fenêtre (f.)	window	II	1	V
fer (m.)	iron	II	4	V
ferme (f.)	farm	III	3	D
fermier (m.)	farmer	III	3	V
fête (f.)	celebration	I	5	D
fêter (v.)	to celebrate	III	3	D
feu (m.)	fire	II	5	D
– d'artifice	fireworks	I	5	D
fille (f.)	girl/daughter	I	2	D / III 2 V
film (m.)	film	I	2	D
fils (m.)	son	I	2	D
fin (f.)	end	III	3	D
finir (v.)	to finish	I	4	V
fleur (f.)	flower	IV	5	V
flûte (f.)	flute	III	4	V
fois (f.)	time	III	3	D
fond (au - de) (prép.)	at the bottom of	IV	1	V
fonder (v.)	to found	IV	3	D
football (m.)	football/soccer	I	3	V
forêt (f.)	forest	IV	5	V
formidable (adj.)	great	I	1	D
fort (adj.)	strong	III	4	D
fou (adj.)	crazy	IV	3	D
fouiller (v.)	to excavate	IV	4	D
four (m.)	oven	II	5	V
fourchette (f.)	fork	II	5	V
frais (adj.)	cool	IV	2	D
franc (m.)	franc	II	4	D
français (adj./m.)	French	I	1	V
frère (m.)	brother	III	2	V
frites (f.)	chips/French fries	II	2	D
froid (adj.)	cold	IV	2	V
fromage (m.)	cheese	II	2	D
frontière (f.)	border	I	3	V
fruit (m.)	fruit	II	2	D
fumer (v.)	to smoke	III	4	D
fumeur (m.)	smoker	III	4	V

G

gagner (v.)	to win/to earn	III	5	D / IV 1 D
garage (m.)	garage	IV	2	D
garagiste (m.)	garage mechanic	IV	2	V
garçon (m.)	boy/waiter	I	2	V / II 2 V
gardien (m.)	guard	III	3	D
gare (f.)	train station	III	4	D
gâteau (m.)	cake	II	2	D
gauche (à -) (adv.)	on the left	II	1	D
geler (v.)	to freeze	IV	2	V
gens (m. pl.)	people	II	4	D
gentil (adj.)	nice	I	3	D
glace (f.)	mirror/ice cream	II	1	V / II 2 D
gomme (f.)	eraser/rubber	III	1	V
goûter (v.)	to taste	II	2	D
gouvernement (m.)	government	IV	4	V
gramme (m.)	gram	II	4	V
grand (adj.)	large/tall	I	3	D
grand-mère (f.)	grandmother	III	2	V
grand-père (m.)	grandfather	III	2	V
grange (f.)	barn	II	1	D
gratuit (adj.)	free	II	4	D
grave (adj.)	serious	III	5	V
grève (f.)	strike	IV	4	V
gris (adj.)	gray	II	4	V
gros (adj.)	fat	I	5	V
guérir (v.)	to get better/to cure	III	5	V
guide (m.)	guide	III	2	D
guitare (f.)	guitar	I	5	D

H

habiller (s') (v.)	to get dressed	II	3	V
habiter (v.)	to live	I	1	D
habitude (d') (adv.)	usually	III	2	D
haricot (m.)	bean	II	2	V
hasard (par -) (adv.)	by chance	IV	4	D
haut (en -) (adv.)	upstairs	II	3	V
hebdomadaire (m.)	weekly	IV	4	V
herbe (f.)	grass	IV	5	V
héritage (m.)	inheritance	III	2	D
heure (à l'-) (adv.)	on time	I	4	D
heureux (adj.)	happy	IV	4	V
heureusement (adv.)	fortunately	IV	4	V
hier (adv.)	yesterday	III	3	V
histoire (f.)	history	III	3	V
hiver (m.)	winter	IV	2	V
homme (m.)	man	I	2	V
hôpital (m.)	hospital	I	4	D
horaire (m.)	schedule	III	4	V
horreur (quelle -) (f.)	(how awful)	IV	3	D
huile (f.)	oil	II	5	V
hôtel (m.)	hotel	III	4	V
humeur (f.)	mood	III	1	D

I

ici (adv.)	here	II	1	D
idée (f.)	idea	II	5	D
il y a (v.)	there is/are	I	3	D
imaginer (v.)	to imagine	IV	5	D
immeuble (m.)	building	II	1	D
imperméable (m.)	raincoat	IV	2	D
important (adj.)	important	IV	4	D
importer (v.)	to import	IV	5	V
impossible (adj.)	impossible	III	1	D
impôt (m.)	tax	IV	4	V
incompétent (adj.)	incompetent	III	1	D
infirmier (m.)	nurse	III	5	V
informations (les) (f.)	news	IV	4	D
informatique (f.)	computer technology	IV	5	V
informer (v.)	to inform	IV	4	V
inquiet (adj.)	worried	III	2	D
inspecteur (m.)	police detective	III	2	D
installer (s') (v.)	to settle in	IV	2	D
insupportable (adj.)	unbearable	II	1	D
intelligent (adj.)	intelligent	I	5	V
interdire (v.)	to forbid	IV	2	D
intéressant (adj.)	interesting	I	5	D
interroger (v.)	to quiz	III	2	D
interview (f.)	interview	I	3	D
interviewer (v.)	to interview	I	3	D
introuvable (adj.)	lost	III	2	D
inviter (v.)	to invite	I	3	D
isolé (adj.)	isolated	II	1	D

J

jamais (adv.)	never	III	2	D
jambe (f.)	leg	III	5	D
jardin (m.)	garden	I	5	D
jaune (adj.)	yellow	II	4	V
jazz (m.)	jazz	I	3	D
jeu (m.)	game	III	4	D
jeune (adj.)	young	I	2	D
joli (adj.)	pretty	I	2	D
joue (f.)	cheek	III	2	V
jouer (v.)	to play	III	4	V
jour (- de la semaine) (m.)	day/(weekday)	I	2	V
journal (m.)	newspaper	I	2	D
journaliste (m./f.)	journalist	I	1	D
journée (f.)	day	III	4	D
jupe (f.)	skirt	II	4	V
jus (m.)	juice	II	2	V
jusqu'à (prép.)	until	III	3	D

K

kidnapper (v.)	to kidnap	III	2	V
kilo (m.)	kilogram	II	4	V
kilomètre (m.)	kilometre	II	1	D

L

là (adv.)	there	II	1	V
là-bas (adv.)	over there	I	5	D
lac (m.)	lake	IV	5	V
laid (adj.)	ugly	I	5	V
laine (f.)	wool	II	4	D
laisser (v.)	to leave (behind)	I	4	D
lait (m.)	milk	II	5	D
lampe (f.)	lamp	II	1	V
langue (f.)	language	III	3	V
lapin (m.)	rabbit	II	2	D
large (adj.)	wide	II	4	V
lavabo (m.)	washbasin	II	5	V
leçon (f.)	lesson	I	4	V
légume (m.)	vegetable	II	2	V
lent (adj.)	slow	IV	4	V
lentement (adv.)	slowly	IV	2	V
lettre (f.)	letter	III	1	D
lever (se) (v.)	to get up	II	3	D
liberté (f.)	freedom	IV	5	D
libre (adj.)	not busy/free	I	3	D / III 4 V
licence (f.)	diploma (university level)	III	3	V
ligne (f.)	line	III	1	V
liquide (en -) (m.)	in cash	II	4	V
lire (v.)	to read	I	2	V
lit (m.)	bed	II	1	V
litre (m.)	litre	II	5	D
livre (m.)	book	I	2	V
locataire (m.)	tenant	II	1	V
logement (m.)	housing	II	1	V
loin (adv.)	far	II	1	V
loisir (m.)	leisure activity	I	3	V
long (adj.)	long	II	4	V
longtemps (adv.)	for a long time	III	3	D
louer (v.)	to rent	II	1	D
lourd (adj.)	heavy	IV	1	V
lune (f.)	moon	IV	3	D
lunettes (f. pl.)	glasses	III	2	D
lycée (m.)	comprehensive school	III	3	D

M

machine (à écrire) (f.)	typewriter	III	1	D
madame (f.)	Mrs	I	1	V
mademoiselle (f.)	Miss	I	1	V
magasin (m.)	shop	II	2	D
magazine (m.)	magazine	IV	4	V

magnifique (adj.)	magnificent	II	1	D
main (f.)	hand	III	5	V
maintenant (adv.)	now	I	4	D
maire (m.)	mayor	IV	4	D
mairie	town-hall	IV	1	D
mais (conj.)	but	I	3	D
maïs (m.)	corn	IV	1	D
maison (f.)	house	II	1	D
mal (adv.)	badly	I	2	D
avoir mal	to hurt	III	5	D
malade (adj.)	sick	II	5	D
maladie (f.)	sickness	III	5	V
malheureux (adj.)	unhappy	IV	4	V
malheureusement (adv.)	unfortunately	IV	4	D
maman (f.)	mummy/mum	III	2	V
manger (v.)	to eat	II	2	V
manquer (v.)	to miss	III	1	D
manteau (m.)	coat	II	4	D
marche (m.)	market	IV	1	V
marcher (v.)	to go well/to walk	III	4	D
mari (m.)	husband	III	2	V
marier (se)	to get married	III	2	V
marron (adj.)	brown	II	4	V
match (m.)	game/match	I	3	V
mathematique (f.)	mathematics	III	3	V
matin (m.)	morning	II	2	V
mauvais (adj.)	bad	I	4	D
mécanicien (m.)	mechanic	I	1	V
méchant (adj.)	mean	I	5	V
mécontent (adj.)	displeased	I	5	V
médecin (m.)	doctor	I	1	D
médias (pl.)	media	IV	4	V
médicament (m.)	medicine	III	5	D
meilleur (adj.)	best	IV	3	D
mélanger (v.)	to mix	II	5	D
même (adj.)	same	IV	3	D
membre (m.)	member	III	2	D
mentir (v.)	to lie	IV	3	D
menu (m.)	fixed price meal	II	2	D
mer (f.)	sea	I	3	V
merci (interj.)	thank you	I	1	V
mère (f.)	mother	III	2	V
mériter (v.)	to deserve	II	5	D
mesurer (v.)	to measure	II	4	V
– je mesure 1 m 80	I am 1.80 m tall			
météo (f.)	weather forecast	IV	2	D
mètre (m.)	metre	II	4	D
métro (m.)	subway	III	4	V
mettre (v.)	to put on	II	4	D
meuble (m.)	furniture	II	1	D
meurtre (m.)	murder	II	3	V
meurtrier (m.)	murderer	II	3	V
midi (m.)	noon	I	4	V
mieux (adv.)	better	III	5	V
milieu (au - de)	middle (in the - of)	IV	1	V
millier (m.)	thousand	IV	5	D
mince (adj.)	thin	I	5	V

ministre (m.)	minister	IV	4	D
minuit (m.)	midnight	I	4	V
minute (f.)	minute	II	5	D
mise en scène (f.)	staging	I	4	D
mode (f.)	fashion	II	4	V
moderne (adj.)	modern	II	1	D
moins (adv.)	less	IV	3	D
mois (m.)	month	I	2	V
moitié (f.)	half	IV	2	D
monde (m.)	world	IV	5	D
monnaie (f.)	change	II	4	V
monsieur (m.)	Sir/Mr	I	1	D
montagne (f.)	mountain	I	3	V
monter (v.)	to go up	II	3	V
montre (f.)	watch	I	4	V
montrer (v.)	to show	II	1	V
monument (m.)	monument	IV	1	V
moquer (se) (v.)	to laugh at	IV	5	D
morceau (m.)	piece	II	2	D
mort (m.)	dead person	IV	2	V
moteur (m.)	engine	IV	2	V
moto (f.)	motorcycle	IV	2	V
mouche (f.)	fly	IV	5	V
mourir (v.)	to die	IV	5	D
moustache (f.)	moustache	III	2	D
moustique (m.)	mosquito	IV	5	V
moutarde (f.)	mustard	II	2	D
mur (m.)	wall	II	1	V
musée (m.)	museum	I	3	D
musicien (m.)	musician	I	1	D
mystère (m.)	mystery	III	2	D
mystérieux (adj.)	mysterious	IV	3	V

N

natation (f.)	swimming	I	3	V
nationalité (f.)	nationality	I	1	V
nature (f.)	nature	IV	5	D
né (p.p.)	born	III	2	V
neige (f.)	snow	IV	2	V
neiger (v.)	to snow	IV	2	V
nerveux (adj.)	nervous	III	1	D
nettoyer (v.)	to clean	II	2	D
neuf (adj.)	brand new	II	4	V
neveu (m.)	nephew	III	2	V
nez (m.)	nose	III	2	V
nièce (f.)	niece	III	2	V
noir (adj.)	black	II	4	V
nom (m.)	name	I	1	D
non (adv.)	no	I	1	V
nord (m.)	north	IV	1	V
normalement (adv.)	normally	IV	2	D
nouveau (adj.)	new	I	5	D
nouvelle (f.)	news item	III	3	D
nuage (m.)	cloud	IV	2	V
nuageux (adj.)	cloudy	IV	2	D

nuit (f.)	night	II	2	V
numéro (m.)	number	III	1	V

O

occupé (p.p.)	busy	III	1	D
occuper (s') (v.)	to take care of	III	2	D
océan (m.)	ocean	III	4	V
œil (m.)	eye	III	2	V
œuf (m.)	egg	II	2	V
oiseau (m.)	bird	IV	5	D
office de tourisme	tourist bureau	IV	1	D
offrir (v.)	to offer	III	1	V
omelette (f.)	omelette	II	2	D
oncle (m.)	uncle	III	2	V
opéra (m.)	opera	I	3	D
or (m.)	gold	II	4	V
orage (m.)	storm	IV	2	D
orange (f.)	orange	II	2	V
ordinateur (m.)	computer	III	1	V
ordonnance (f.)	prescription	III	5	V
oreille (f.)	ear	III	2	V
organiser (v.)	to organize	IV	5	D
orthographe (f.)	spelling	III	1	D
ou (conj.)	or	I	3	V
où (adv.)	where	II	1	D
oublier (v.)	to forget	IV	2	D
ouest (m.)	west	IV	1	V
oui (adv.)	yes	I	1	D
outil (m.)	tool	II	3	D
ouvrier (m.)	worker	III	2	D
ouvrir (v.)	to open	III	3	D

P

pain (m.)	bread	II	2	V
panne (f.)	breakdown	IV	2	D
pantalon (m.)	trousers	II	4	D
papa (m.)	dad	II	2	V
papier (m.)	paper	III	1	V
par (prép.)	by	I	3	D
– là	over there	IV	2	D
paragraphe (m.)	paragraph	III	1	D
parapluie (m.)	umbrella	IV	2	V
parc (m.)	park	II	1	D
parce que (conj.)	because	III	5	D
pardon (interj.)	excuse me	I	1	V
pareil (adj.)	same	IV	3	V
parent (m.)	parent	III	2	D
parfait (adj.)	perfect	II	5	D
parler (v.)	to talk	I	2	V
parti (m.)	party	IV	4	V
partie (f.)	game	I	3	D
partir (v.)	to go	I	4	D
partout (adv.)	everywhere	III	2	D

pas du tout (adv.)	not at all	I	3	D
passé (m.)	past	IV	5	V
passer (v.)	to go by/to spend	II	1	D / III 1 D
passer (se) (v.)	to happen	II	2	D
passion (f.)	enthusiasm	I	5	D
pâte (f.)	batter	II	5	D
pâté (m.)	pâté	II	2	D
patient (adj.)	patient	IV	4	D
patron (m.)	boss	III	1	D
pauvre (adj.)	poor	IV	3	V
payer (v.)	to pay	II	4	V
pays (m.)	country	I	1	V
paysage (m.)	landscape	IV	3	D
pêcher (v.)	to fish	III	4	V
peindre (v.)	to paint	IV	3	V
peintre (m.)	painter	IV	3	V
peinture (f.)	painting	IV	3	V
pendant (prép.)	during	III	3	V
pendule (f.)	clock	I	4	V
penser (v.)	to think	III	2	D
perdre (v.)	to lose	III	4	D
père (m.)	father	III	2	V
permettre (v.)	to allow	IV	2	D
personnage (m.)	character	II	4	D
personne	nobody	II	3	D
personnel (m.)	personnel	III	1	D
petit (adj.)	small	I	5	V
petit déjeuner (m.)	breakfast	II	2	V
petite-fille (f.)	granddaughter	III	2	V
petit-fils (m.)	grandson	III	2	V
petit pois (m.)	pea	II	2	V
peu (un-) (adv.)	a little	I	3	D
(un - de)	a little bit of	II	2	D
peuple (m.)	people	IV	3	D
peur (f.)	fright	II	3	D
– (avoir -)	to be afraid			
peut-être (adv.)	maybe	II	3	D
pharmacie (f.)	pharmacy	IV	1	V
photo (f.)	photograph	I	2	D
photocopie (f.)	photocopy	III	1	V
piano (m.)	piano	I	5	D
pièce (f.)	play/room	I	3	V / II 1 V
pied (m.)	foot	III	4	V
pin (m.)	pine tree	IV	1	D
pierre (f.)	stone	II	4	V
piscine (f.)	swimming pool	I	3	D
placard (m.)	cupboard/closet	III	3	D
place (f.)	square/seat	I	1	D / III 4 D
plage (f.)	beach	III	4	V
plaine (f.)	plain	IV	5	V
plaisanterie (f.)	joke	III	5	D
plaire (ça vous-) (v.)	to like (you - it)	IV	1	D
plaisir (faire -)	to please	IV	5	V
plan (m.)	blueprint	IV	1	V
planter (v.)	to plant	IV	5	D
plastique (m.)	plastic	II	4	V
plat (m.)	dish	II	5	V

– du jour	day's special	II	2	D				
plein (adj.)	full	III	1	D				
pleurer (v.)	to cry	IV	5	V				
pleuvoir (v.)	to rain	IV	2	D				
pluie (f.)	rain	IV	2	D				
plus (ne -) (adv.)	not anymore	IV	3	D				
pneu (m.)	tyre	IV	2	V				
poêle (f.)	frying pan	II	5	V				
poids (m.)	weight	II	4	V				
pointure (f.)	shoe size	II	4	V				
poitrine (f.)	chest	III	5	V				
poisson (m.)	fish	II	2	V				
poivre (m.)	pepper	II	5	V				
police (f.)	police	II	3	D				
politique (f.)	politics	IV	4	V				
pomme de terre (f.)	potato	II	2	V				
pompier (m.)	fireman	II	5	V				
pont (m.)	bridge	IV	2	V				
porc (m.)	pork	II	2	V				
port (m.)	harbour	I	5	V				
porte (f.)	door	II	1	V				
portefeuille (m.)	wallet	II	3	V				
porter (v.)	to wear/to carry	II	4	V	/ IV	3	D
portrait (m.)	portrait	I	3	D				
possible (adj.)	possible	III	1	V				
poste (f.)	post office	IV	1	D				
potage (m.)	soup	II	2	V				
poulet (m.)	chicken	II	2	D				
pour (prép.)	for	I	3	D				
pourquoi (adv.)	why	III	5	D				
pouvoir (v.)	to be able to	III	5	D				
pratique (adj.)	convenient	II	1	V				
préférer (v.)	to prefer	I	3	D				
premier (adj.)	first	II	1	D				
prendre (v.)	to have/to take	II	2	D	/ III	4	D
prénom (m.)	christian/first name	I	1	D				
préparer (v.)	to prepare	II	5	D				
près (de) (prép.)	near	III	1	D				
présenter (v.)	to present	IV	1	D				
président (m.)	president	IV	4	D				
presse (f.)	press	IV	3	V				
prêt (adj.)	ready	III	1	D				
prêtre (m.)	priest	II	4	D				
prévision (f.)	forecast	IV	2	D				
prévoir (v.)	to forecast	IV	2	D				
prier (v.)	to pray	IV	1	V				
prince (m.)	prince	IV	3	V				
printemps (m.)	spring	IV	2	V				
prison (f.)	prison	IV	3	V				
prix (m.)	price	II	4	V				
problème (m.)	problem	III	1	D				
production (f.)	production	III	1	D				
produire (v.)	to produce	IV	1	D				
professeur (m.)	teacher	I	1	V				
profession (f.)	profession	I	1	V				
programme (m.)	programme	I	3	D				
projet (m.)	project	I	3	D				

promener (se) (v.)	to take a walk	II	3	V
promettre (v.)	to promise	IV	5	D
propriétaire (m.)	owner	II	1	D
protester (v.)	to protest	IV	4	D
prudent (adj.)	cautious	IV	2	V
publicité (f.)	advertising	III	1	D
puis (adv.)	then	I	3	D
pull-over (m.)	sweater	II	4	D

Q

qualité (f.)	quality	I	5	V			
quand (adv.)	when	III	3	D			
– (conj.)	when	III	4	V			
quart (m.)	quarter	I	4	V			
quartier (m.)	district	I	1	D			
que (pro.)	what/that	I	2	D	/ IV	5	D
quel (adj)	what	I	4	V			
quelques (adj.)	a few	II	2	D			
quelque chose (pro.)	something	II	3	D			
quelquefois	sometimes	III	3	D			
quelqu'un (pro.)	someone	II	3	D			
questionnaire (m.)	questionnaire	I	3	D			
qui (pro.)	who	I	2	D	/ IV	5	D
quitter (v.)	to leave	IV	4	D			
quoi (pro.)	what	III	1	D			
quotidien (m.)	daily	IV	4	V			

R

raconter (v.)	to tell	III	4	D
radio (f.)	radio	IV	4	D
raisin (m.)	grape	IV	1	V
raison (avoir-) (f.)	(to be) right	IV	4	V
rapide (adj.)	fast	IV	4	V
rapidement (adv.)	quickly	IV	4	V
rappeler (v.)	to call back	III	1	V
rappeler (se) (v.)	to remember	IV	4	D
rapport (m.)	report	III	3	D
rare (adj.)	rare	IV	4	D
recette (f.)	recipe	II	5	D
recevoir (v.)	to receive	III	1	V
rechercher (v.)	to look for	II	3	D
récolte (f.)	crop	IV	3	D
récolter (v.)	to harvest	IV	1	V
reconnaître (v.)	to recognize	IV	3	D
réfléchir (v.)	to think	IV	4	D
refuser (v.)	to refuse	II	2	D
regarder (v.)	to look	I	4	D
régime (m.)	diet	II	2	D
région (f.)	region	II	1	D
règle (f.)	ruler	III	1	V
regretter (v.)	to regret	IV	5	D
reine (f.)	queen	IV	3	D
remercier (v.)	to thank	IV	2	D

rencontrer (v.)	to meet	I	1	D
rendre (v.)	to give back	IV	1	V
rendez-vous (m.)	appointment	I	4	D
renseignement (m.)	information	III	1	V
rentrer (v.)	to go back	I	4	V
réparer (v.)	to repair	IV	2	V
repas (m.)	meal	II	2	D
répondre (v.)	to answer	III	1	D
reposer (se) (v.)	to rest	II	3	V
république (f.)	republic	IV	4	D
réservation (f.)	booking	III	4	D
ressembler (v.)	to resemble	IV	3	D
restaurant (m.)	restaurant	I	3	D
rester (v.)	to stay	I	3	D
résultat (m.)	result	IV	1	D
retard (m.)	delay	I	4	D
– (être en-)	(to be) late			
retour (m.)	return	III	4	D
retourner (v.)	to flip/to return	II	5	D / III 5 D
retraite (f.)	retirement	II	3	D
retrouver (v.)	to find again	III	5	D
réunion (f.)	meeting	III	1	D
réussir (v.)	to succeed	III	3	D
réveil (m.)	alarm clock	I	4	V
réveiller (se) (v.)	to wake up	II	3	V
rêver (v.)	to dream	I	5	D
revoir (au-) (interj.)	goodbye	I	1	D
rez-de-chaussée (m.)	ground floor	II	1	D
riche (adj.)	rich	III	2	D
rideau (m.)	curtain	II	4	D
ridicule (adj.)	ridiculous	IV	4	D
rien (pro.)	nothing	II	3	D
rire (v.)	to laugh	II	3	D
risque (m.)	risk	IV	2	D
rivière (f.)	river	II	1	D
riz (m.)	rice	II	2	D
robe (f.)	dress	II	4	D
rocher (m.)	rock	III	4	D
roi (m.)	king	IV	3	V
rôle (m.)	part	II	5	D
romancier (m.)	novelist	III	2	D
rond (adj.)	round	III	2	V
roue (f.)	wheel	IV	2	V
rouge (adj.)	red	II	4	D
route (f.)	road	IV	2	D
roux (adj.)	redheaded	I	5	V
ruban (m.)	ribbon	II	4	D
rue (f.)	street	I	1	D
ruine (f.)	ruin	IV	3	V

S

sable (m.)	sand	III	4	V
sac (m.)	bag	III	3	V
saison (f.)	season	IV	2	V
salade (f.)	salad	II	2	D

salaire (m.)	salary	IV	4	V
salle à manger (f.)	dining room	II	1	D
salle de bain (f.)	bathroom	II	1	D
salon (m.)	sitting room	II	1	D
saluer (v.)	to greet	I	1	V
salut (interj.)	hi	I	1	V
santé (f.)	health	III	5	V
satisfait (adj.)	satisfied	IV	5	V
sauvage (adj.)	wild	IV	5	D
sauver (v.)	to save	IV	3	V
savant (adj.)	scholarly	I	4	D
savoir (v.)	to know	I	2	D
savon (m.)	soap	II	5	V
scène (f.)	scene/stage	II	5	D
science (f.)	science	III	3	V
sculpteur (m.)	sculptor	IV	3	V
sculpture (f.)	sculpture	IV	3	D
second (adj.)	second	II	1	V
seconde (f.)	second	III	1	D
secret (m.)	secret	II	4	D
secrétaire (m./f.)	secretary	II	1	V
secrétariat (m.)	secretariat	III	1	D
sel (m.)	salt	II	5	D
semaine (f.)	week	I	2	V
sénat (m.)	senate	IV	4	V
sénateur (m.)	senator	IV	4	V
serpe (f.)	sickle	II	2	D
serveuse (f.)	waitress	II	2	V
service (m.)	service/department	II	2	V / III 1 D
serviette (f.)	napkin	II	5	V
seul (adj.)	alone	III	3	D
seulement (adv.)	only	IV	1	D
shampoing (m.)	shampoo	II	5	V
si (adv. et conj.)	yes/if	I	5	D / III 5 D
siècle (m.)	century	IV	3	D
signer (v.)	to sign	III	1	D
silence (m.)	silence	II	1	D
simple (adj.)	simple	II	2	D
site (m.)	site	IV	2	D
ski (m.)	ski	I	3	D
société (f.)	company	III	1	D
sœur (f.)	sister	III	2	V
soif (f.)	thirst	II	2	V
– (avoir -)	(to be) thirsty			
soigner (v.)	to take care of	III	5	V
soir (m.)	evening	II	1	D
soldes (m.)	sales	II	4	D
soleil (m.)	sun	IV	2	V
sombre (adj.)	dark	II	1	V
sommeil (m.)	sleep	II	3	V
sonner (v.)	to ring	III	1	D
sortir (v.)	to go out	I	4	V
soupe (f.)	soup	II	2	V
souriant (adj.)	smiling	I	5	V
sourire (m.)	smile	IV	5	D
sous (prép.)	under	II	1	V
sorcier (m.)	wizard	IV	3	V

souvent (adv.)	often	III	2	D
spectacle (m.)	show	IV	1	D
spectateur (m.)	spectator	I	2	D
sport (m.)	sports	I	3	D
sportif (adj.)	athletic	I	3	D
stade (m.)	stadium	IV	1	V
statue (f.)	statue	IV	3	D
steak (m.)	steak	II	2	D
studio (m.)	studio	IV	4	D
stylo (m.)	pen	I	2	V
subvention (f.)	subsidy	IV	5	D
sucre (m.)	sugar	II	5	D
sud (m.)	south	IV	1	D
sujet (m.)	subject	IV	4	D
suivre (v.)	to follow	IV	2	V
supermarché (m.)	supermarket	IV	1	V
sur (prép.)	on	I	4	D
sûr (adj.)	sure			
– (bien -)	of course	I	5	D
surpris (adj.)	surprised	III	2	D
sympathique (adj.)	friendly	I	5	D
syndicat (m.)	trade union	IV	4	V

T

tabac (m.)	tobacco shop	IV	1	V		
taille (f.)	size	II	4	D		
tante (f.)	aunt	III	2	V		
tard (adv.)	late	II	3	V		
tasse (f.)	cup	II	2	V		
taureau (m.)	bull	IV	5	D		
taxi (m.)	taxi	III	4	V		
technique (f./adj.)	technique/technical	III	1	D		
télégramme (m.)	telegram	III	1	V		
téléphone (m.)	phone	III	1	V		
téléphoner (v.)	to phone	III	1	V		
télévision (f.)	television	III	3	D		
télex (m.)	telex	III	1	V		
température (f.)	temperature	IV	2	D		
temps (m.)	time/weather	I	5	D / IV	2	D
tennis (m.)	tennis	I	3	D		
terrain (m.)	ground	IV	2	D		
terre (f.)	land	IV	1	D		
tête (f.)	head	III	2	V		
textile (m/adj.)	textile	III	1	D		
thé (m.)	tea	II	2	V		
théâtre (m.)	theatre	I	3	D		
ticket (m.)	ticket	III	4	V		
tiens (interj.)	here you go	I	1	D		
timbre (m.)	stamp	III	1	V		
timide (adj.)	shy	I	5	D		
tiroir (m.)	drawer	III	1	V		
tissu (m.)	fabric	II	4	D		
toilette (faire sa-) (f.)	to wash oneself	II	5	V		
toilettes (f. pl.)	toilet	I	3	V		
toit (m.)	roof	II	1	V		

tomate (f.)	tomato	II	2	D
tomber (v.)	to fall	IV	2	D
tort (avoir-) (m.)	to be wrong	IV	4	D
tôt (adv.)	early	II	3	D
toucher (v.)	to touch	IV	2	V
toujours (adv.)	always	II	2	D
touriste (m.)	tourist	IV	1	V
touristique (adj.)	touristic	IV	1	D
tournée (f.)	tour	I	4	D
tourner (v.)	to turn	IV	2	V
tout (adj./pro.)	all/everything	II	4	D
tout à coup (adv.)	suddenly	III	4	D
tout à l'heure (adv.)	in a little while	III	2	V
tout de suite (adv.)	right away	III	2	V
tout le monde (pron.)	everybody	III	5	D
tout le temps (adv.)	all the time	III	2	V
tradition (f.)	tradition	IV	5	D
traduire (v.)	to translate	III	5	V
train (m.)	train	III	4	V
tranquille (adj.)	peaceful	II	3	D
travail (m.)	work	IV	1	D
travailler (v.)	to work	I	2	D
traverser (v.)	to cross	IV	2	D
très (adv.)	very	I	2	D
triste (adj.)	sad	I	5	D
tromper (se) (v.)	to be mistaken	IV	4	D
trompette (f.)	trumpet	III	4	V
trop (adv.)	too	IV	1	D
troupeau (m.)	herd/flock	III	3	D
trouver (v.)	to find	II	3	D
tuer (v.)	to kill	II	3	V

U

unique (adj.)	unique	IV	5	D
université (f.)	university	III	3	D
urgent (adj.)	urgent	III	1	V
utile (adj.)	useful	II	1	V

V

vacances (f./pl.)	holiday			
vache (f.)	cow	IV	1	V
vague (f.)	wave	III	4	D
valise (f.)	suitcase	IV	1	V
vallée (f.)	valley	IV	5	V
veau (m.)	veal	II	2	V
véhicule (m.)	vehicle	I	1	D
vélo (m.)	bicycle	IV	2	V
velours (m.)	velvet	II	4	D
vendeur (m.)	salesman	II	1	D
vendre (v.)	to sell	II	1	D
venir (v.)	to come	I	3	D
vent (m.)	wind	II	3	D
vente (f.)	sale	III	1	D

ventre (m.)	stomach	III	5	V		
vérité (f.)	truth	IV	4	V		
verre (m.)	glass	II	4	V		
verser (v.)	to pour	II	5	D		
vert (adj.)	green	II	4	D		
veste (f.)	jacket	II	4	V		
vêtement (m.)	clothes	II	4	D		
viande (f.)	meat	II	2	V		
vide (adj.)	empty	IV	2	V		
vie (f.)	life	III	4	D		
vieux (adj.)	old	I	5	D		
vigne (f.)	grapevine	IV	1	D		
villa (f.)	villa	II	1	V		
village (m.)	village	II	1	V		
ville (f.)	city	II	1	D		
violet (adj.)	purple	II	4	V		
violon (m.)	violin	I	5	D		
vin (m.)	wine	II	2	D		
vinaigre (m.)	vinegar	II	5	V		
visage (m.)	face	II	2	V		
visiter (v.)	to visit	II	1	D		
vite (adv.)	quickly	II	5	D		
vivre (v.)	to live	IV	4	D		
voici (prép.)	here is	I	3	D		
voilà (prép.)	there is	I	3	D		
voir (v.)	to see	I	5	D		
voisin (m.)	neighbour	III	3	D		
voiture (f.)	car	II	1	D		
vol (m.)	theft/flight	II	3	V / III	4	D
volaille (f.)	poultry	IV	1	V		
voler (v.)	to steal/to fly	II	3	V / III	4	D
voleur (m.)	thief	II	3	D		
volontiers (adv.)	gladly	III	5	D		
vouloir (v.)	to want	I	2	D		
(- dire)	to mean	III	5	D		
voyage (m.)	trip	I	3	V		
voyager (v.)	to travel	I	3	D		
vrai (adj.)	true	IV	4	V		
vraiment (adv.)	really	I	5	D		

W

week-end (m.)	weekend	I	3	D	

Y

y (pron.)	there/it	IV	2	D	

Z

zéro (m.)	zero	I	1	V	
zone (f.)	area	III	4	D	

1. Masculine or feminine?

Knowing whether a noun is masculine or feminine is as important as learning its spelling, its pronunciation and its meaning.

Learning whether a noun is masculine or feminine is the only reliable way for you to know when to use **un** or **une**, **le** or **la**.

Making a gender mistake sounds really awkward in French so it is best to learn the gender of a noun with the noun.

In front of a masculine noun
{
un (a or one)
le (the)

In front of a feminine noun
{
une (a or one)
la (the)

L' in front of a singular noun beginning with a vowel or an «h» to express «the».

There are lots of reasons why you should know whether a noun is masculine or feminine to express yourself correctly since there are numerous agreement rules that rely on that (see page 199).

As an example, notice how many words, are affected by the fact that *maison* is a feminine noun:

> *C'est une grande maison pleine de charme.* **Elle** *a été vendue hier.*
> *(It is a big house that is full of charm. It was sold yesterday.)*

Among the other words that require a masculine/feminine agreement, you will find quel/quelle, ce/cette, à la/au, de la/du...

2. Negative sentences and « pas de... »

Once you have understood what are the negative words in French and where they fit in relationship to the verbs, you know the basics.

Examples: *Je n'écris pas. (I don't write.)*

Elle ne travaille pas. (She does not work.)

Il n'habite pas à Paris. (He does not live in Paris.)

Tu ne veux pas partir? (Don't you want to leave?)

Then you need to learn other negative words besides **pas**.

Examples: *Je n'ai rien fait. (I haven't done anything.)*

Il n'a vu personne. (He hasn't seen anybody.)

Attention: when the negative sentence begins with *personne*, you need **ne** in front of the verb in the French sentence.

Example: *Personne ne l'a vu. (Nobody has seen him.)*

The one thing you have to know in addition is the following:

Il n'y a pas de sucre. (There is no sugar.)

Elle n'a pas d'amis. (She does not have any friends. Or: She has no friends.)

Vous n'avez pas mangé de gâteau? (You have not eaten any cake?)

All three elements are important (**ne, pas** and **de**). **Ne** and **de** become **n'** and **d'** in front of a word beginning by a vowel.

Read the examples again if necessary to understand how to express **no** ... or **not** ... **any** ...

3. Possessive adjectives: how to translate my, your, his, her, its, our, their

In French, the possessive adjectives have to match the noun they precede. To find the appropriate possessive adjective, you have to consider whether the noun is masculine or feminine (for the singular of **my, your, his, her, its)**, or is plural, or begins with a vowel.

Examples: *his car: sa voiture* (voiture is feminine singular)

your book: votre livre (livre is singular)

your address: ton (votre) adresse (adresse is feminine singular and begins with a vowel)

my keys: mes clés (clés is plural)

It is for phonetic reasons that there is a special rule for singular words beginning with a vowel: "mon amie" allows for a liaison, «ma amie» doesn't.

If you refer to the chart on page 204, you can see that if the word is masculine singular or plural (no distinction between masculine and feminine), there is only one option (i. e. one way to translate **my** depending on the noun).

To summarize the major difference between the French and the English systems of expressing possessive adjectives, see the following list of examples:

his suitcase: sa valise (valise is feminine singular)

his glasses: ses lunettes (lunettes is plural)

his daughter: sa fille (fille is feminine singular)

his book: son livre (livre is masculine singular)

his ear: son oreille (oreille is feminine singular and begins with a vowel)

Three different ways to translate **his**!

4. Two past tenses: the imparfait and the passé composé

A short explanation of those two past tenses has been given to you page 207 in the "bilan grammatical". We would like to develop what is specific to the uses of both so that you can master them (especially when both tenses are used in the same sentence).

You were told that the imparfait is used for:

– a secondary action (setting, background, explanation of a main action)

Ex.: *Il a pris son manteau parce qu'il faisait très froid.*
(He took his coat because the weather was very cold.)

– a description in the past

Ex.: *Tu as aimé la pièce de théâtre? Oh, oui, les acteurs étaient excellents.*
(Did you like the play? Oh, yes, the actors were excellent.)

– a habit in the past (something you used to do)

Ex.: *Quand j'habitais à Paris, j'allais tous les jours au Luxembourg.*
(When I lived in Paris, I used to go to the Luxembourg gardens everyday.)

The imparfait is a simple tense to write (see the verb "regarder" p. 130) and pronounce. To understand its use, you need to notice how it "works", what it expresses in a sentence so that you become familiar with it; you will then be able to use it yourself.

Here is another example of a frequent use of the imparfait:

Il a dit qu'il ne pouvait pas venir. (He said he couldn't come.)

If you think of a sentence in English where the verb is *was +ing* or *were +ing*, use the imparfait automatically!

Ex.: *Quand tu m'as appelé, je regardais la télévision.*
(When you called me, I was watching television.)

The passé composé is a past tense used for a main action that is completed in the past (events that are over with).

Concerning the passé composé, the real challenge is to:

– know that it needs a helping verb (see page 122)

– choose one helping verb (être) **or the other** (avoir) **according to the verb** (see list page 122)

Examples: *Je suis parti pour Athènes le 4 septembre.*
(I left for Athens on September 4.)

Est-ce que tu as mangé? (Did you eat?)

– learn the past participles of the irregular verbes (see page 211)

– understand the agreement rule

Examples: *Elle est arrivée. (She has arrived.)*
Il est arrivé. (He has arrived.)
Ils sont arrivés. (They have arrived.)
Elles sont arrivées. (They have arrived.)

5. The relative pronouns qui and que

These two relative pronouns are very useful and very frequent in French. Just like their English counterparts, they make for shorter sentences and faster communication.

Read the following sentences:

> *Pouvez-vous me donner le livre **qui** est sur la table?*
> *(Can you give me the book **that** is on the table?)*

> *C'est moi **qui** paie.*
> *(I'm the one **who** is paying.)*

In the first sentence **qui** replaces livre and is the subject of est; in the second **qui** replaces «moi» and is the subject of «paie».

Let's now consider the two sentences:

> *Voici la robe **qui** me plaît le plus.*
> *(There is the dress I like the best.)*

> *Voici la robe **que** j'ai achetée hier.*
> *(Here is the dress I bought yesterday.)*

Notice that in sentence 1 «robe» (hence **qui**) is the subject of «plaît», in sentence 2 «robe» (hence **que**) is the direct object of «ai acheté».

Attention: while **that** can be skipped in the English sentence, **que** cannot be skipped in the French sentence.

Example: *Les amis que j'ai invités sont tous venus.*
  (The friends I invited all came.)

In the next three examples notice the direct object function of **que**:

> *C'est une villa que je cherche.*
> *(It is a villa I'm looking for.)*

> *C'est une région que j'aime bien.*
> *(It's a region that I like.)*

> *C'est la route que je prends toujours.*
> *(This is the road I always take.)*

Que is followed by the subject of the verb (**je** in all three sentences).

Notice also: of **qui** and **que**, **que** is the only one that becomes **qu'** in front of vowel.

Example: *J'aime bien les dessins **qu'**il fait.*
  (I like the drawings he does.)

p 8g : Rapho, Jeanmougin ; p 8d : Magnum, Riboud ; p 8m : Gamma, Rebbot ; p 9 : Charmet ; p 10hg : Gamma ; p 10hd : Dagli Orti ; p 10m : Gamma, Pevsner ; p 10bg : Walt Disney Company ; p 10bd : Roger-Viollet ; p 11hg : Gamma, Novosti ; p 11hd : Charmet ; p 11m : © Hergé, Tintin en Amérique, Éditions Albert René ; p 11bg : Roger-Viollet ; p 11bd : Rapho, Brack ; p 17g : Christophe L. ; p 17m : Christophe L. ; p 17d : Cinestar ; 20hg : Barclays ; p 20hd,bg : Livre de poche ; p 20bd : Christophe L. ; p 27 : Sygma, Vautheyp ; p 28hg : Rapho, Ciccione ; p 28hmg : Rapho, Neyrat ; p 28hmd : Sygma, Saunders ; p 28hd : Gamma, Simon ; p 28bg : Rapho, Manceau ; p 28bm : Christophe L. ; p 28bd : Les Amoureux de Peynet, Ed. Hoebeke ; p 34h : Magnum, Frank ; p 34bg : Gamma, Laforêt ; p 48hg : Edimedia, Guillot ; p 48hm : Maison de Marie Claire, Hussenot ; p 48hd : Roche-Bobois ; p 48mg : Edimedia, Guillemot ; p 48m : Maison de Marie Claire, Veroy ; p 48md : Roche-Bobois ; p 48bg : Edimedia, Hinous ; p 48bd : Marie Claire, Duffas ; p 49hg : Rapho, Belzeaux ; p 49hd : Roger-Viollet ; p 49bg : Pix, Valarcher ; p 49bd : Pix ; p 56 : Delessard ; p 57h, m, bg : Delessard ; p 57bd : Les Ambassadeurs ; p 57mg : Rapho, Manceau ; p 63hg : Gamma ; p 63hd : Rapho, Manceau ; p 63hm : Rapho, Manceau ; p 63bg : Rapho, Le Diascorn ; p 72hg : Gamma, Simon ; p 72hd : Gamma, Simon ; p 72bg : Sygma, Vauthey ; p 72bd ; Marie Claire, Carrara ; p 73hg : Kenzo ; p 73hd : Renoma ; p 73bg : Lanvin ; p 73bd : Dior ; p 80 : Hallmark ; p 82hg : Gamma, Guichard ; p 82hd : Sygma, Laffont ; p 82m : Gamma, Jung ; p 82b : Cinestar ; p 98d, md : Christophe L. ; p 98mg : Cinestar ; p 98d : Gamma, Gindray ; p 108 : Roger-Viollet ; p 114 : D.R. ; p 116 : Roger-Viollet ; p 129 : Gamma, Chatin ; p 132 : Prévention Routière ; p 144g : Swatch ; p 144m : Lanvin ; p 144d : Gamma, Simon ; p 145hg : Cartier ; p 145hm, : Gamma ; p 145hd : Gamma ; p 145bg : Lanvin ; p 145bm : Lancel ; p 145bd : Lancel ; pq 161hd : Magnum, Depardon ; p 161hg : Magnum, Kalvar ; p 161m : Christophe L. ; p 161bg : Gamma, Francolon ; p 161bd : Gamma, Jumelais ; p 162g : Rapho, Biraben ; p 162d : Rapho, Phelps ; p 162m : Gamma, Adamini ; p 163h : Gamma, Vioujard ; p 163m : Rapho, Tulane ; p 163b : Rapho, Silvester ; p 164hg : Jacana, Lecourt ; p 164hm : Rapho, Dumas-Satigny ; p 164hd : Rapho, Maltête ; p 164bg : Jacana, Lecourt ; p 164bm : Rapho, Brihat ; p 164bd : Jacana, Bringe.

Recherches iconographiques : Ateliers d'Images.

Maquette : Katherine Roussel.

Illustrations : Xavier de Sierra.